KB116158

생각
설계자

당신의 싱킹을 디자인하라!

권지은 저

이 저서는 2021년 대한민국 교육부와 한국연구재단의 지원을 받아 수행된 연구입니다. (NRF-2021S1A3A2A01087325)

산업화, 정보화 시대를 거치면서 제품과 서비스의 구매에서 고객들의 영향력은 점점 커지고, 기업들은 치열한 무한 경쟁의 시대에 돌입하게 되었다. 이는 기업이 고객을 위한 지속적인 가치 창출, 즉 혁신을 하지 않으면 존망의 기로에 놓이게 됨을 의미한다. 기존의 혁신은 주로 기술과 사업적 관점의 아이디어에서 출발하여 새롭게 디자인된 제품과 서비스의 가치를 고객에게 설득시키는 방식으로 진행되어 왔다. 거의 대부분의 기업은 이를 혁신 방정식으로 알고 따랐던 것이 사실이다. 모두가 같은 프로세스를 밟기 때문에 시장 경쟁의 구도를 바꿀 수도 없고, 고객에게 경쟁사에 비해 더 나은 가치를 제공하기도 어렵다. 한마디로 전혀 혁신적이지 않은 것이다. 디자인 싱킹은 이러한 전통적인 혁신 프로세스를 뒤집는 일에서 시작한다. 고객의 페인(pain)에 깊게 공감하는 디자인의 일이 프로세스의 출발점이다. 이후에 기업이 가진 역량으로 고객이 진짜 원하는 가치를 어떻게 만들어 줄지 고민하고 신제품과 서비스를 생산해 낸다. 고객이 진짜 원하는 가치를 알고 제품과 서비스를 만들기 때문에 제품과 서비스가 얼마나 가치 있는지를 고객에게 설득시키기 위한 기업의 노력을 줄일 수 있다. 고객의 가치 충족이 기업의 가치로 이어지는 것이다. 따라서 제대로 이해하려면 만들고 꾸미는 행위의 디자인 개념을 구상하고 계획하는 생각의 디자인 개념으로 넓히는 관점의 전환이 필요하다.

디자인 싱킹의 체화에 있어서 가장 큰 오류는 기존의 학습 방법을 따른다는 점이다. 이는 방법론과 프로세스에 중점을 둔 수업, 세미나, 워크숍 등이 주를 이룬다. 그리고 이 방식들은 사실 학습자들에게도 매력적이다. 교육 워크숍의 풍경을 들여다보면, 넓게 개방된 공간에서 여러 사람이 팀을 이루어 형형색색의 포스트잇들을 재미있는 아이디어들로 채우고, 에너지 가득한 퍼실리테이터의 주도로 이루어지는 여러 활동을 수행하는 학습자들의 표정은 밝고 여유롭다. 기존의 딱딱하고 근엄한 업무 및 학습 분위기와는 사뭇 다르다. 그렇기 때문에 사후 교육 만족도 평가도 높고 학습자들은 디자인 싱킹에 대해 좋은 인상을 갖는다. 학습자들은 프로세스를 단계별로 익히고, 각 단계별로 연관된 방법론들을 숙지하며, 이를 통해 준비된 템플릿들을 채워 나간다. 그리고 모든 템플릿이 채워지면 워크숍을 마무리하고 학습자들은 자신들이 만들어 놓은 업적에 스스로 대견해한다.

대부분의 디자인 싱킹 학습이 이와 유사하게 진행되는데, 이는 전형적인 학습 방법의 유형이다. 일련의 방법과 도구의 활용을 배우고, 손과 머리에 익도록 연습하는 방식이다. 어느 정도 숙련이 되고 나면 학습자들은 디자인 싱킹을 안다고 말한다. 이러한 학습 방식은 안정된 환경에서 반복되는 일의 능률을 올리기에는 적절하지만, 늘 변화하는 환경에서 고객 가치를 만들어 내는 창의적 혁신의 성과물을 생산하기에는 부족하다. 이론적 교육과 도구 및 방법의 숙련으로 기본기가 갖춰졌다면, 강의장에서 배우고 익히는 방식에서 고객의 현장에서 경험하고 깨닫는 방식으로 학습 형태를 바꾸어야 한다. 이를 통해 학습자들은 비로소 디자인 싱킹을 '이해'하고 고객 가치를 창출하는 혁신의 성과물들을 내놓을 수 있다. 이러한 이유로 디자인 싱킹은 빠른 손이 중심인 행위가 아니며, 생각의 근육이 필요한 사용자 중심의 관점과 사고 체계를 의미한다.

이렇듯 디자인 싱킹은 기존의 사고 체계를 바꾸는 과정이며, 이는 이론적 학습만으로 완성되지 않는다. 공식에 넣기만 하면 독보적인 고객 가치를 창출하고 경쟁에서 이기는 혁신이 이루어지는 방법이 있다면 좋겠지만, 그러한 마법의 프로세스는 존재하지 않는다. 실무적 경험과 통찰을 통해 숙련된 역량이 갖추어져야 비로소 완성되는 사고의 방식이 디자인 싱킹이다. 이 책에서 저자는 이 점을 매우 잘 짚어 내고 있다. 학교나 회사에서 이루어지는 이론과 프로세스 위주의 교육이 가진 한계점을 저자 개인의 다양한 현장 경험과, 수준 높은 전문가들과의 인터뷰를 통해 스스로 터득하고 극복하는 과정을 이 책에서 보여 주고 있다. 디자인 싱킹에 공감하고 매력을 느껴서 고객 가치를 창출하는 진짜 전문가가 되고 싶은 사람, 다양한 디자인 싱킹 교육을 받았지만 실무에서 디자인 싱킹을 적용하는 것이 어려운 사람, 그리고 디자인 싱킹을 처음부터 제대로 이해하고 싶은 사람은 누구나 반드시 이 책을 읽어 보길 권한다. 국내외 유수의 교육 기관에서 이론과 지식을 완성하고 다양한 현장 경험과 깨달음을 통해 고객 중심의 관점과 생각의 근육을 가진 진짜 실력자의 디자인 싱킹 학습법을 여러분도 터득하게 될 것이다.

HiDD(Human Insight Design & Digital) 그룹 대표
서승교

들어가며

이 책은 2017년도에 버클리 캘리포니아 주립대학교에 방문하면서 다짐한 결과이다. 그해 봄, 나는 디자인 공학 분야 내 창의력을 측정하는 다양한 도구를 연구하고 있었고, 나의 연구 진행상황을 미국 최대 기계공학학회인 ASME-IDETC DTM(International Design Engineering Technical Conferences & Computers and Information in Engineering Conference-Design Theory and Methodology)에서 발표하였다. 이 학회는 내가 박사생으로서 처음 참여한 학회였는데, 학회 첫날의 오전 8시 발표를 맡게 되어 아주 적은 인원이 참석할 것이라 예상하고 긴장을 내려놓은 상태였다. 그런데 이게 웬걸, 처음에 열댓명으로 시작한 발표에 점점 많은 사람이 들어오기 시작하더니, 연구의 결과를 발표할 때 즈음에는 100명이 넘는 인원이 좌석이 모자라 서서 들을 정도로 몰려 있었다. 이렇게 많은 공학 전문가가 디자인 창의력에 관심을 가지다니! 아마도 이때 분야에 대한 자부심과 확신이 생겼던 것 같다.

발표가 끝난 후, 한 한국인이 찾아와 인사했다. 디자인 공학은 워낙 한국인이 없는 분야라 너무 반갑고 감사한 마음이 들었다. 그분은 당시 버클리에서 박사후 연구원을 하고 있던 (지금은 Delft 공대 교수로 재직 중인) 김 박사님이었고 내가 하는 연구에 대해 짧은 응원과 언제든 협업하자는 메시지를 주고 사라지셨다. 그해 여름, 나는 지도교수님의 안식년으로 자유시간이 생겼고 김 박사님에게 연락하여 무보수로 연구 일을 해 보고 싶다고 졸라 댔다. 박사님은 나의 적극적인 면을 좋게 보셨고, 감사하게도 그가 버클리에서 애써 준 결과 약 3개월간 방문 연구생 자격을 얻게 되었다.

버클리에서 나는 내가 사용하는 방법론들이 디자인 싱킹이라는 것을 알게 되었다. 기존에 지도교수님 수업에서는 그저 '창의적 도구'라든가 '창의 워크숍' 혹은 '발산 워크숍' 등의 이름으로 진행되었던 것들이 사실은 디자인 싱킹 이론에 기반한 사용자 중심의 문제해결 방법론들이었던 것이다. 버클리는 당시 NSF(National Science Foundation), 우리나라로 치면 한국연구재단과 같은 정부 차원의 대규모 연구재단에서 수주를 받아 디자인 싱킹 디지털 백과사전을 만들고 있었기 때문에, 디자인 싱킹 방법론에 대해서는 많은 데이터와 체계적인 시스템을 보유하고 있었다. 내가 방문했던 연구실은 특히 사이버보안과 자율주행자동차 개발에 이러한 디자인 싱킹 방법론들을 적용하여 실제 문제들을 해결하고 있었는데, 팀 구성부터 디자인 싱킹에 최적화된 단위로 구성하고 모든 산출물이 보고서가 아닌 실제로 움직이는 기계를 만드는 것으로까지 진행되었다. 즉, 디자인 싱킹을 통한 문제해결에 참여해 보고 그것의 결과까지 오감으로 체험할 수 있었던 것이다.

그때의 기억을 더듬어 보면, 버클리는 디자인 싱킹 방법론을 통해 정말 앞이 하나도 보이지 않는 최전방에서 끊임없이 도전하는 것 같았다. 학생들의 허황되어 보이는 비전과 무모해 보이는 도전을 모두 실질적인 물질로 만들어 내도록 도와주고 있었는데, 그 가운데서 진짜 파괴적인 혁신이 일어나는 것을 목격했다. 내게 익숙한 전통을 중시하는 미국 동부의 대학교들이나, 숫자적 확신을 중시하는 중부의 연구 중점 주립대학교와는 전혀 다른 분위기였다. 이것은 나에게 큰 충격이자 설렘으로 다가왔다. 내가 세상의 끝에 서 있는 것 같은 느낌이었다. '여기가 정말로 혁신의 시작이구나.'라는 생각과 함께 이 경험을 꼭 글로 남겨서 우리나라의 많은 이가 알 수 있도록 해야겠다고 다짐한 순간이었다.

이러한 책을 써야겠다는 생각을 마음속에 간직한 채로 한국에 들어와 대기업 S에 입사했을 때, 나는 정말 좋은 상사와 동료들의 도움으로 내가 배운 디자인 싱킹을 조직 내에 적용할 수 있었다. 내가 버클리에서 만났던 연구원들과 다르지 않은, 도전을 즐기고 열정으로 똘똘 뭉친 팀을 만나 1년 반 동안 열 개가 넘는 프로젝트에서 디자인 싱킹 방법론을 통해 기업 내 문제해결을 지원했다. 이제는 회사에서 나와 더 다양한 조직을 만나 문제해결 컨설팅을 하는 나의 길을 걷고 있다. 그리고 그 과정에서 몇몇 사람들이 이 좋은 방법론에 관심이 있으면서도 제대로 활용하지 못하고 있는 것에 대한 안타까움과 아쉬움으로 이 책을 집필하게 되었다.

한국에서는 한동안 디자인 싱킹에 대한 기대로 많은 출판사가 방법론에 대한 책을 출판했다. 또한 대학들과 조직들 모두 디자인 싱킹을 도입하기 위해 많은 노력을 했다. 하지만 이런 인기는 그 열기가 과했던 만큼 빠르게 식어 갔다. 이제는 아주 소수의 조직만이 디자인 싱킹에 대한 지속적인 관심을 가지고 도전하고 있다. 이런 결과는 디자인 싱킹의 힘을 아는 나로서는 상당히 참담하다. 왜 이렇게 많은 관심과 성원 속에서 시작한 디자인 싱킹이 제대로 빛을 발하지 못하는 걸까? 나는 다양한 조직과의 경험을 통해 이런 현상이, 디자인 싱킹의 제대로 된 이해 부족과 적용 경험의 부족으로 인한 현상이라는 것을 인지했다. 따라서 이 책은 조금 더 많은 이가 디자인 싱킹을 제대로 이해하고 문제해결에 더 잘 적용할 수 있도록 도와주고자 하는 의도를 가지고 구성하였다. 특히 나의 개인적 경험과 노하우를 바탕으로 하여 방법론이 잘 정리되어 있는 책에서는 알 수 없는 비공식적(unofficial) 방법들을 기록하였다.

이 책의 제1장에서는 디자인 싱킹에 대한 간단한 소개와 최근에 자주 쓰이는 모델들을 소개한다. 또한 제1~2장에서는 디자인 싱킹에 대한 기본적인 정보를 제공하며 지식적 배경을 준비한다. 제3~5장에서는 실제 디자인 싱킹을 적용하는 과정에서 필요한 경험적 노하우를 제시한다. 창의적 생각을 하는 방법, 팀과의 시너지를 내는 방법뿐만 아니라 퍼실리테이션에게 중요한 심리적, 물리적 요소들을 소개한다. 이 책의 마지막 제6장에서는 디자인 싱킹을 '잘'하기 위한 준비 연습 문제와 단계별 가이드를 제공한다.

이 책은, 첫째, 디자인 싱킹을 이론적으로 배웠으나 그 적용에 어려움을 겪고 있는 현장에서 혁신을 위해 애쓰고 있는 개인과 조직 그리고 디자인 싱킹 퍼실리테이터를 꿈꾸는 이들을 대상으로 한다. 둘째, 앞으로 디자인 싱킹을 활용하여 조직에서 활동하고자 하는 대학생과 취업준비생, 예비 스타트업 대표 등을 대상으로 한다. 마지막으로, 디자인 싱킹에 대하여 들어는 봤으나 정확히 어떤 원리와 이론으로 창의성이 발현되는지 궁금한 일반인들을 대상으로 한다.

점점 더 많은 기업이 사용자 중심의 방법론으로 혁신에 접근하고 있다. 제품 포화 상태인 이 세상에서 더 가치 있는 상품과 서비스를 만들어 내고, 이전에는 없던 새롭고도 유용한 아이디어를 내는 것이 그 어느 때보다 중요해졌다. 디자인 싱킹은 이러한 세상에 체계적이고도 효과적인 방안을 제시한다. 이 책을 통해 디자인 싱킹이 그 빛을 발하고 더 많이 전파되어 많은 개인과 기업에게 집단 창의를 제공하는 방안으로 자리잡기를 기대한다.

차례

제**1**장

집단 지성과
디자이너의 시대

위대한 디자이너

1) 사용자로 시작해서 사용자로 완성된 차선

비 내리던 9월 어느 날 오후, 디자인 씽킹 워크숍이 끝난 후 나는 우리 연구실 학생들을 데리고 고속도로를 달리고 있었다. 비가 많이 내려 앞차의 불빛조차 잘 보이지 않았고, 초행길이라 내비게이션을 켜고 가는데도 어려움이 있었다. 혼자 운전하는 것보다 학생들을 안전하게 데려다주어야겠다는 생각으로 어깨가 무거웠다. 비가 이렇게 오는데 다른 차들은 어떻게 이렇게 빨리 달리는 건지……. 고속도로를 곧 빠져나가야 하는데 여전히 시야가 확보되지 않자 식은땀이 나기 시작했다. "교수님! 이제 바닥에 있는 이 핑크색 선을 따라가시면 돼요." 조수석에 앉아 있던 눈치 빠른 석사 선생님이 가이드를 해 주었다. 앞은 거의 안 보였지만, 도로의 핑크색 선은 뚜렷하게 잘 보였다. '누군지는 모르지만 참 잘 생각했어.'라고 생각하는데 학생들이 먼저 말한다. "저 핑크색 선, 정말 좋은 아이디어인 것 같아요. 이런 게 사용자 중심의 아이디어겠죠?"

우리가 흔히 알고 있는 도로에 그려진 차선은 디자인 씽킹의 결과물이라 할 수 있다. 처음 도로에 차선을 그리기 시작한 것은 에드워즈 N. 하인즈(Edward N. Hines)의 아이디어로, 1911년 미국 미시간주의 웨인 카운티의 리버로드에서 처음 사용되었다. 그때 당시에는 신호등이나 반대 차선의 개념이 없었기 때문에, 양방에서 자동차가 다닐 경우 눈치게임을 해야 하는 상황이었다고 한다. 자전거를 너무 좋아하여 디트로이트 자전거 클럽(Detroit Wheelmen Cycling Club)의 회장이 된 하인즈는 항상 이 점이 불만이었는데, 어느 날 앞에 가던 자동차가 우유를 흘리면서 가는 것을 보고 아이디어를 얻었다. 이후 도로 표시는 발전에 발전을 거듭하여 현대까지 왔는데, 최근 한국에서 꽃을 피웠다고 생각된다.

대한민국의 도로 표시를 혁신적으로 완성한 이는 누구였을까? 고속도로에 핑크색, 초록색 유도선은 만들어진 지 9년 만에 그 창조자가 공개되었다. 바로 안성용인건설사업단의 윤석덕 설계차장이다. 그는 2011년 안산분기점에서 사망사고가 발생한 후 초등학생도 알아볼 수 있을 만큼 쉬운 방지책을 만들어오라는 지시를 받았다고 한다. 공개된 인터뷰에 따르면, 윤석덕 차장은 당시 8세와 4세 자녀들이 있었는데, 아이들이 크레파스로 그림을 그리는 모습을 보고 영감을 얻었다고 한다.

> "항상 도로 기술자의 눈으로만 사안을 바라보니……. (이번에는) 초등
> 학생 입장으로 사안을 바라보니 '탁' 하고 떠올랐어요. 그야말로 유레카
> 였습니다."

제1장 집단 지성과 디자이너의 시대

실제로 유도선이 칠해지고 난 후 고속도로 분기점의 사고율을 비교해 보니, 도색 전인 2010년에 비해 2017년 교통사고가 31%나 감속했다. 그도 그럴 것이, 정말 초등학생도 금방 알아볼 수 있을 만큼 빠르게 인지할 수 있는 쉬운 해결책이면서 네비게이션보다 더 일찍 어떤 길로 가야 하는지 미리 알려 주기 때문에 급한 차선 바꾸기를 획기적으로 줄여 준다. 처음에는 자전거 이용자들의 필요에 의해서, 그리고 그 이후에는 실제 차선 사용자들을 위해서 발전되어 온 역사를 봤을 때, 도로 표시는 정말 사용자 중심의 사고를 통해 시작하고 사용자 중심으로 완성된 사례라고 할 수 있다. 디자인 싱킹은 간단히 말해, 이러한 사용자 중심 문제해결법이다. '아 불편해.'라고 하는 부분을 해결하면서 새로운 아이디어가 나오는 과정이 디자인 싱킹이란 뜻이다.

2) 문제해결사, 디자인 싱커

위대한 디자인들이 있다. 이 디자인들은 시각적인 아름다움뿐만 아니라, 인간에게 즐거움을 제공하고 건강을 유지하게 하고, 정서적 만족을 자아내며, 더 나아가 사회 문제를 해결한다. 이러한 디자인을 생각해 내는 사람들은 예전에 우리가 알던 '디자이너'와는 그 역할이 조금 다르다. 아이디어가 먼저 존재하고 개발된 후에 그 위에 시각적인 효과를 덧입히는 '마무리 작업'을 하는 기존의 디자이너 역할이 아니다. 오히려 문제를 찾아내고, 필요를 분석하며, 아이디어부터 아이디어의 판매까지 모든 것을 관장하는 '전략가' 혹은 '문제해결사'의 역할을 가지고 있다. 디자인적 사고란 바로 이러한 문제해결 과정을 이야기한다. 복잡하고 어려운 문제를 찾아내고, 정의하고, 해결방안을 모색한 후 실행하는 것이다. 디자인 싱킹은 이 과정을 인간 중심으로 진행하는 하나의 방법이다. 그리고 꽤나 우수한 방법이다. 디자인 싱킹을 통해 이 파워풀한 방법을 경험하고 더 많은 문제를 해결하고자 하는 사람을 디자인 싱커라고 부른다.

　IDEO의 창업자 중 하나인 팀 브라운(Tim Brown)은 디자인 싱커가 어떤 사람들인가에 대해서 다음과 같은 다섯 가지 특징들을 이야기했다.

1. 공감력(empathy): 디자인 싱커는 동료, 고객, 사용자 및 소비자와 빠르게 공감한다. 이런 강한 공감력으로 디자인 싱커는 사용자들이 자기 스스로 있는지도 몰랐던 필요를 발견한다.

2. 통합적 사고(integrative thinking): 디자인 싱커는 복잡한 문제의 여러 측면을 이해할 수 있다. 상반되는 아이디어들 간의 협상을 통해 더 나은 해결책이 나올 수 있으며, 아이디어들의 가장 좋은 요소들을 통합할 수 있다.

3. 낙천주의(optimism): 디자인 싱커는 이미 존재하는 것보다

더 나은 것은 아직 발견되지 않았다고 믿는다.

4. 실험(experimentation): 디자인 싱커는 단계적인 개선을 시도하기보다는 급격한 변화를 상상하여 새로운 것을 시도한다.

5. 협력(collaboration): 디자인 싱커는 다른 분야의 사람들과 함께 일하는 것을 쉽게 받아들인다. 그들은 여러 분야에서 훈련과 경험을 통합하는 것을 중요시한다.

지난 30년간 디자인 싱킹은 폭발적으로 진화했다. 그 원동력으로는 당연히 급격한 기술의 발전이 한몫했지만, 기후 변화, 인구 증가, 전무후무한 팬데믹 등 이전에 겪어 보지 못한 새로운 사회문제들의 등장도 있었다. 만들어지는 문제가 어려울수록 디자인 싱킹의 힘도 증명되었다. 세계적인 컨설팅 기업인 IDEO는 이런 디자인 싱킹을 더욱 전파하여 더 많은 문제를 해결하고자 노력한다. IDEO의 켈리 형제(David & Tom Kelley)는 세상의 더 많은 문제들을 해결하고자 스탠퍼드대학교 D-스쿨을 설립하여 그 안에서 디자인 싱킹을 교육하고 실무에 적용하게끔 훈련시키도록 했다. 버클리대학교, 하버드대학교, MIT 등도 이 흐름에 가세하여 디자인 싱킹 수업을 매해 늘려 나가고 있다. IDEO를 따라 디자인 싱킹 기반의 컨설팅 펌도 늘어나고 있다. 나이키 광고로 유명한 R/GA나 넷플릭스(Netflix), 구글(Google), 테슬라(Tesla) 등의 디자인 포트폴리오를 가진 Fantasy사도 모두 디자인 싱킹을 통한 문제해결을 진행하고 있다.

디자인 싱킹은 이론적으로 배우면 어렵지 않다. 앞서 제시한 다섯 가지 특징을 이해하고, 어떤 공감이나 프로토타입 기법들이 있는지 인터넷에 있는 수많은 영상으로 접할 수 있다. 하지만 실무세계에서 디자인 싱킹의 힘을 경험하고, 디자인 싱커로 살아가게 된 사람은 극히 드물다. 방법론을 외우고 연습문제에 몇 번 적용하는 것이 누군가를 디자인 싱커로 만들어 주지 않기 때문이다.

디자인 싱킹은 위대한 디자이너가 되는 지름길이다. 위대한 디자이너의 궁극적인 목표는 제대로 된 문제해결이다. 진정한 디자인 싱커가 되려면 다양한 문제를 접하고 디자인 싱킹 방법론을 적용시켜 봐야 하지만, 그 외에도 좋은 팀을 만나고, 창의적으로 생각하며, 완벽한 디자인 싱킹을 할 수 있도록 준비물과 정보를 많이 준비해야 한다. 나는 이것이 마치 수술실에 들어가는 의사와 비슷하다고 생각한다. 책과 이론으로 아무리 많이 공부해도, 압도적인 임상경험과 전문 의료진으로 구성된 팀 그리고 제대로 진단할 수 있는 의료장비가 없이는 제한된 치료만 할 수 있는 것처럼, 디자인 싱커 역시 많은 실제 경험과 시너지가 나는 팀 그리고 실행에 필요한 도구의 준비 없이는 제대로 된 문제해결을 하기가 어렵다. 그 결과, 위대한 디자이너가 되기 위해서는 깊은 이론적 이해도 중요하지만, 아주 작은 문제라도 디자인 싱킹 방법론을 적용하여 해결해 보며, 다양한 도구를 개발하고 사용하여 절대적인 경험량을 늘려야 할 것이다. 그렇게 다양한 경험을 쌓고 어떠한 문제라도 당황하지 않고 해결할 수 있게 된다면 비로소 진정한 디자인 싱커의 길을 걸어가기 시작했다고 말할 수 있다.

생각을 디자인하는 기술

1) 디자인 싱킹의 역사

디자인 싱킹을 단어로 뜯어 보자면 우리가 잘 아는 두 개의 단어들로 이루어져 있다. 무엇인가를 설계한다는 의미의 '디자인(Design)'과 생각한다는 뜻의 '싱킹(thinking)'이 결합된 것인데, 막상 이것이 무슨 뜻인지 추측해 보려면 쉽지는 않다. 직관적으로 그 뜻을 해석하면 디자이너처럼 생각한다는 뜻인지, 생각을 설계한다는 뜻인지 잘 모르겠다. 사실, 디자인 싱킹은 이두 가지를 다 의미한다. 즉, 디자이너처럼 생각하도록 생각을 설계한다는 것이다. 디자인 싱킹의 역사를 보면 생각보다 오래전으로 돌아간다. 이 단어가 처음 등장한 곳은 많은 사람이 아는 대로, 1969년 저명한 경제학자인 허버트 사이먼(Herbert A.

Simon)이 쓴 책 『인공과학(The Sciences of the Artificial)』에서였지만, 사실 디자인 싱킹의 개념은 훨씬 더 전부터 만들어지고 있었다. 디자인 싱킹에 대하여 더 잘 이해할 수 있도록 그 역사를 아주 간단하게 소개하고자 한다.

'현대미술(modern art)' 하면 무엇이 떠오르는가? 아마 미술을 전공하지 않은 관람객들의 입에서 가장 많이 들어본 말은 "나도 그릴 수 있겠다." 그리고 "뭔지 모르겠다."인 것 같다. 그 이유는 아마도 현대미술이 이해하기 쉬운 형상들보다는 기하학적이고 난해한 형상들로 이루어졌기 때문일 것이다. 이것은 현대 이전의 미술작품들이 '보기에 좋은' 자연이나 풍경, 사람이나 기법들에 초점이 맞추어져 있었다면, 현대미술은 아름다움보다는 창의성, 새로움, 의미 등에 그 초점이 맞추어져 있었기 때문이라고 생각한다. 현대미술이 나타나기 시작한 20세기 초반은 산업혁명 이후 기계와 과학에 대한 관심이 천장을 치솟던 때이다. '과학 = 혁신'이라는 개념이 자리 잡던 때로, 그 당시 나온 디자인 스타일로는 아르누보, 아르 데코, 바우하우스, 비현실주의, 전쟁 프로파간다, 타이포그래피 스타일 등이 있으며, 이런 디자인 스타일들이 모여 오늘의 '그래픽 아트', 즉 '시각 디자인' 분야가 만들어졌다. 미술의 영역이 그전에 심미성을 위한 순수미술 시대를 떠나 어떤 기능적인 목적을 가진 '시각 디자인'이라는 분야가 탄생한 것이다.

이렇게 디자인이 변화하고 있던 20세기에 전 세계는 사회적으로 큰 사건을 두 차례나 겪게 된다. 바로 두 차례의 세계대전이다. 전쟁을 거치면서 그전과는 다른 사회문제들이 전 세계에 기하급수적으로 많아지기 시작했다. 1960년대에 디자인 이론가였던 호스트 리텔(Horst Rittel)은 이때 등장한 복합적인 사회경제적 문제들을 1930년대에 존 듀이(John Dewey)가 사용한 단어인 '사악한 문제(Wicked Problem)'라는 단어를 가져와 적용했고, 이런 사악한 문제라는 개념은 디자인에 대한 새로운 시각을 심어 주게 된다. 즉, 디자인을 그저 '아름다움'을 추구하는 방법이 아닌 '문제를 해결하는 도구'로 바라보기 시작한 것이다. 이후 1969년에 노벨상 수상자인 허버트 사이먼(Herbert Simon)이 "엔지니어와 디자이너는 어떤 목표를 이루기 위해서 디자인적인 생각을 활용해야 한다."라는 주장을 하며 디자인 싱킹의 개념을 더욱 정제하였다. 사이먼 이후에도 많은 학자와 디자이너가 디자인 싱킹의 뜻을 다듬고, 또 그 방법에 대해 열정적인 토론을 벌였는데, 이런 긴 대화를 지나 1978년 IDEO의 창업자인 켈리 형제가 디자인 싱킹을 비즈니스 모델로서 발전시키고 교육과 창업 컨설팅을 병행하기 시작하면서 오늘날 우리가 알고 있는 디자인 싱킹 방법론이 완성되었다.

2) 디자인 싱킹이란 무엇인가

아주 간단하게 설명했지만, 앞서 설명한 역사만 보아도 디자인 싱킹의 핵심은 '문제해결'이라는 것을 알 수 있다. 그 과정에서 디자이너가 생각하는 방법을 택하는 것이 디자인 싱킹의 정의이다. 그렇다면 디자이너처럼 생각하는 것은 어떻게 생각하는 것일까?

디자이너들이 어떤 마음이나 태도를 가지고 세상을 바라보는지에 대한 학계의 연구들을 보면, '공감' '열린 마음(openness)' '내적 동기(intrinsic motivation)' '애매한 것에 자비로움(Ambiguity tolerant)' '긍정적임(optimistic)' '리스크를 감수함(accepting uncertainty and open to risk)'의 단어들이 등장한다. 이 단어들은 모두 문제해결에 최적화된 마인드가 무엇인지 보여 준다. 즉, 문제를 경험하는 이들과 공감하고, 다양한 옵션에 대해 긍정적이고 열린 마음으로 탐험해 보는 것, 그리고 그 과정에서 나타나는 애매한 부분들에 대해서 좀 더 자비로운 태도로 임하는 것이 문제해결에 도움이 된다는 것이다.

이것은 비단 디자인에 국한된 이야기가 아니다. 모든 '문제'를 임하는 자세에 대한 이야기이다. 즉, 디자인 싱킹을 하는 이에게 중요한 것은 디자인적 스킬이나 외적인 것에 대한 깐깐함과 센스보다도, 우리 누구나 마음만 먹으면 가질 수 있는 '문제해결에 대한 열린 태도'라는 것을 잊지 말자.

3) 실제 모델들

오늘날에는 참 많은 디자인 싱킹 모델이 존재한다. 그중에서 실무나 교육에서 자주 사용되는 몇 가지 유명한 모델들을 소개하고자 한다.

첫 번째는 디자인 싱킹을 검색하면 가장 흔하게 나오는 스탠퍼드 5단계 모델이다. 이 모델은 공감, 정의, 아이디에이션, 프로토타이핑, 테스트라는 다섯 가지 단계로 이루어져 있다. 스탠퍼드 모델은 디자인 싱킹에 입문한 후 가장 많이 보게 되는 모델이면서도, 적용이 가장 쉬운 기초적인 모델이라고 할 수 있다. 이 모델은 내가 관심 있는 대상을 이해하는 공감단계부터 시작하여, 그 대상이 가진 진짜 불편함(painpoint)을 찾는 문제정의 단계, 그리고 그 문제를 해결하는 다양한 방법을 생각

[그림 1-1] 스탠퍼드 D-스쿨 5단계 모델

해 보는 아이디에이션 단계, 그 아이디어들 중 몇 가지를 뽑아 직접 만들어 보는 프로토타입 단계, 그리고 마지막으로 프로토 타입을 실제 대상에게 가지고 가서 실험해 보는 테스트 단계로 이루어져 있다.

스탠퍼드 D-스쿨은 IDEO의 투자를 받아 만든 스탠퍼드 경영대 내부의 창업 집중 프로그램이다. 많은 경영자와 예비 창업가가 듣는 프로그램인데, 이곳에서 5단계 모델을 대중화시키고 또한 5단계 모델을 기반으로 혁신적인 아이디어를 내어 인큐베이션에 들어갔다. D-스쿨에 투자한 IDEO사는 앞에서 언급한 켈리 형제가 만든 컨설팅 회사이다. 이 회사에서는 디자인 싱킹에 대한 다양한 교육프로그램을 제공하고, 또 자신 있게 그들의 툴킷을 무료로 배포하고 있다. IDEO에서는 5단계 모델보다는 조금 더 열려 있는 모델을 그들의 홈페이지에 내걸

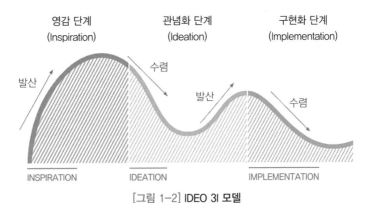

영감 단계
(Inspiration)

관념화 단계
(Ideation)

구현화 단계
(Implementation)

발산   수렴   발산   수렴

INSPIRATION   IDEATION   IMPLEMENTATION

[그림 1-2] IDEO 3I 모델

출처: IDEO 홈페이지, https://cantwait.ideo.com

제1장 집단 지성과 디자이너의 시대

고 있는데, 바로 3I 모델이다.

3I 모델은 개인들이 가지고 있는 질문이나 호기심, 혹은 영감 등을 지칭하는 영감(Inspiration) 단계부터 시작하여 어떤 것을 만들 것인가를 파악하는 관념화(Ideation) 단계, 그리고 마지막으로 해결책을 실제 세계로 가지고 나오는 구현화(Implementation) 단계로 이루어져 있다. 3I 모델은 앞서 제시한 5단계 모델보다 조금 더 유연하고 직관적이다. 각 단계가 대표적인 물리적 활동들로 이루어져 있는 5단계 모델에 비해 3I 모델에서는 상세 방법을 스스로 생각해 보고 선택하며, 다양한 질문을 스스로 생성하고 답할 수 있는 기회가 있다. 하지만 이제 막 디자인 싱킹에 입문했다면, 이러한 자유도가 오히려 장애물이 될 수 있다. 이 때문에 나는 디자인 싱킹을 이제 막 시작하는 사람이나 조직이라면, 5단계 모델을 먼저 경험해 보는 것을 추천한다.

실무에서 사실 가장 많이 보는 모델은 더블 다이아몬드 모델이다. 더블 다이아몬드 모델은 4D 모델이라고도 불리며, 영국의 디자인 카운슬(Design Council)이라는 컨설팅 회사에서 만든 모델이다. 이 모델은 두 개의 다이아몬드를 붙여 놓은 것처럼 생겨서 더블 다이아몬드 모델이라는 이름이 붙었고, 이 다이아몬드는 두 번의 발산과 수렴을 상징한다. 각 단계는 어떤 문제나 페인 포인트를 발견하는 발견(discover) 단계에서 시작하여, 진짜 해결해야 하는 문제가 무엇인지, 이 프로젝트의 범위는 어디인지 등을 정의하는 정의(define) 단계, 그리고 그 문제

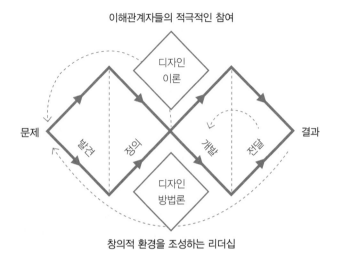

[그림 1-3] 디자인 카운슬의 더블 다이아몬드 모델

출처: Designcouncil.org.uk(번역: 저자)

를 가장 잘 해결할 수 있는 아이디어나 제품을 개발하는 개발 (develop) 단계, 그리고 마지막으로 해결방안을 발표하는 전달 (deliver) 단계로 이루어져 있다. 여기서 첫 번째 다이아몬드가 '문제'를 중심적으로 다룬다면, 두 번째 다이아몬드는 '해결책' 을 중심적으로 다룬다고 할 수 있다.

앞서 5단계 모델이나 3I 모델이 제품이나 디지털 서비스에 서 조금 더 자주 쓰인다면, 더블 다이아몬드 모델은 오프라인 서비스 디자인에서 자주 볼 수 있다. 그 이유는 디자인 카운슬 이 타 디자인 컨설팅 회사들과는 다르게 정부 산하에서 시작 되었으며, 지금도 국가에서 운영하는 비즈니스 혁신 기술부

제1장 집단 지성과 디자이너의 시대

(Department for Business, Innovation, and Skills: BIS)에서 지원받아 운영되고 있기 때문이다. 이들은 세계대전 이후 발생된 사회문제를 해결하기 위해 만들어진 조직인 만큼, 회사의 이익보다는 유럽 내 디자이너들의 가치관 교육이나 공공의 건강, 환경 문제 등을 해결하는 것에 관심이 많다. 또한 2011년 영국의 건축·건조환경위원회(Commission for Architecture and the Built Environment: CABE)와 통합된 만큼, 지역 주민의 거주 환경, 건축물 등에도 활용된다. 이들은 큰 조직은 아니지만, 현재까지 이루어 낸 문제해결 사례들을 잘 정리하여 모두 그들의 홈페이지에 공개하고 있으니, 관심이 있다면 방문해 보는 것도 추천한다.

마지막으로 소개할 모델은 IBM의 인피니티 루프(infinity loop) 모델이다. IBM은 심벌리즘에 상당히 많은 공을 들여 이 모델을 만들었는데, 이 요소들을 해석하는 것이 쏠쏠한 재미가 있다. 일단, 인피니티 루프라는 이름에 걸맞게, 전체 모델은 '무한'을 상징하는 렘니스케이트(lemniscate) 기호처럼 생겼다([그림 1-4] 참조). 무엇이 무한인가? 다음 세 가지 단계가 무한으로 반복된다. 첫 번째 단계는 눈을 크게 뜨고 귀를 열고 사용자를 관찰하라는 의미의 관찰(observe) 단계이다. 두 번째 단계는 나의 팀에 모두 모여 각자 무엇을 보았고, 어떤 인사이트가 생겼는지 나누는 반영(reflect) 단계이다. 마지막 단계는 앞에서 나온 다양한 인사이트를 기반으로 솔루션을 만들어 내는 제작(make) 단계로 이루어져 있다.

관찰(Observe)　　　　　반영(Reflect)　　　　　개발(Make)

[그림 1-4] IBM의 인피니티 루프 모델

출처: Binus University School of Information Systems (2018. 3. 13.).

[그림 1-4]에서 알 수 있듯이, 인피니티 루프 모델의 가운데에는 네 개의 점이 찍혀 있다. 세 개의 초록색 점(네 개의 점 중 왼쪽 상단을 제외한 나머지 세 개 점)과 한 개의 노란색 점(네 개의 점 중 왼쪽 상단의 점)인데, 여기에서 세 개의 초록색 점은 서비스 제공자를 뜻한다. 노란색 점은 사용자 혹은 고객을 뜻하는데, 이 점들이 마치 하나의 박스처럼 모아져 있다는 것에 의미가 있다. 바로 사용자나 고객이 참여하는 디자인을 중요시한다는 것이다. 즉, 서비스 제공자들만 모여서 관찰하고 생각하고 만드는 것이 아니라, 마치 고객이 제작팀과 한 팀처럼 같이 고민하고 고객의 생각을 들어 보며, 같이 무엇인가를 만들어 내는 코크리에이션(co-creation)을 중요시한다는 것이다.

지금까지 제시한 모델 중에 어떤 모델이 가장 와 닿는가?

디자인 싱킹에 대한 모델들은 이처럼 다양한 모양을 갖추고 있지만, 사실 이 모델들이 모두 공통적으로 말하는 것이 있다.

제1장 집단 지성과 디자이너의 시대

바로 시작은 '사용자부터'라는 것이다. 사용자를 관찰하는 것이든, 공감하는 것이든, 혹은 가서 직접 물어보는 것이든, 모두 사용자부터 이해하고 파악하는 것이 시작이다. 그런 다음에 보이는 것보다 더 한 단계 깊이 들어가서 내가 목표로 하는 사용자의 '진짜 필요' 혹은 '진짜 문제'를 파악한다. 이 단계에서는 상당한 직감과 통찰력이 필요하다. 그 이후에는 문제를 해결할 수 있는 창의력이 필요하다. 그리고 이런 이해력, 통찰력 및 창의력을 모두 활용한 후에야 진정한 인간 중심의 문제해결을 시도할 수 있다.

3
디자인 싱킹의 힘

1) 숙박업소 이야기

얼마 전 창업을 한 조(Joe)는 머리가 아픈 일이 생겼다. 모두가 성공할 것이라며 큰 기대를 받던 자신의 스타트업이 오픈한 지 1년이나 되었는데 아직도 1개월당 겨우 20만 원의 수익밖에 못 내었기 때문이다. 그가 만든 회사는 숙박을 예약하는 사이트와 애플리케이션(이하 앱)을 만들었는데, 그의 아이디어가 너무 좋아 출시 전부터 투자자들 사이에서는 혁신의 아이콘으로 불리었다. 그런데 도대체 무엇이 문제란 말인가! 그는 자신의 회사가 어디서부터 잘못되었는지 처음부터 조금씩 바꿔 보기로 하였다.

조가 제일 먼저 한 것은 자기 회사의 사이트에 들어가 보는 것이었다. 그는 자신이 사용자가 된 것처럼 빙의하고, 숙박을 예약해 보려고 이것저것 클릭해 보았다. 그의 눈에 제일 먼저 뛴 것은 사진이었다. 숙소들 사진만 봐서는 절대로 가고 싶지 않은 곳들이었다. 그가 파는 서비스는 숙박을 제공하는 사람이 직접 사진을 올리게 하는 것이었는데, 자유시장에 맞게 각자 좋은 사진을 올릴 줄 알았더니 큰 오산이었다. 제공자들이 올린 사진들은 마치 그곳에 가면 감금당하고 돈을 뜯기거나 질병에 걸릴 것 같은 분위기를 풍기는 모습이었다. 그는 이 문제에 대해 깊이 고민하기 시작했다.

왜 숙박 제공자들이 이런 사진을 올렸을까? 생각해 보니, 그들은 사진을 전공하거나, 좋은 카메라를 가지고 있거나 혹은 홍보물을 찍어 본 적이 없는 사람들이었다. 자신들이 잘 지냈으니 사용자들도 당연히 편하게 잘 지낼 것이라고 생각하는 것이었다. 조는 이 문제를 해결하기 위해 뉴욕 소재 숙박 제공자들에게 실험적으로 전문 사진사를 파견해 주었다. 전문 사진사들은 숙박업소들을 방문하여 매거진에 나올 법하게 청소와 세팅을 한 후 근사한 사진을 찍어 사이트에 있는 사진들을 모두 교체하여 업로드해 주었다. 그리고 1개월이 지나 대망의 결과를 확인해 보니, 수익이 20만 원에서 40만 원, 즉 두 배로 오른 것을 확인할 수 있었다. 조는 희망에 가득 차서 전문 사진사를 소개해 주는 서비스를 추가로 실행했고, 숙박업 사용자들은 이렇게 좋은 사진들이 업로드된 숙박업소들을 골라 가기 시작했다. 결국 사이트의 전체적인 사진들이 바뀌게 되었다. 그리고 지금 이 회사는 무럭무럭 성장하여 전 세계 온라인 숙박 예약 서비스의 아이콘이 되었다.

이것은 에어비앤비를 공동창업한 조 게비아(Joe Gebbia)의 이야기이다. 에어비앤비는 실제로 2007년 시작하여 2009년 큰 위기를 맞았다가 사용자 중심의 사고를 함으로써 새롭게 도약해 성공한 서비스이다. 조 게비아와 함께 공동창업자인 브라이언 체스키(Brian Chesky)는 우연한 기회로 인터넷에서 자신들의 아파트에 비는 방을 렌트해 주었다가 이런 아이디어를 얻었다고 한다. 이 둘은 모두 전 세계적으로 최고로 손꼽히는 미술대학인 로드아일랜드 스쿨 오브 디자인(RISD) 출신의 디자이너였고, 디자인 싱킹 모델은 몰랐지만 사용자 중심으로 생각하고 창의적으로 그 필요를 채워야 한다는 디자이너의 마인드셋을 가지고 있었다. 이들은 창업 후 기업이 성장함에 따라 많은 도전을 만났지만, 그럴 때마다 사용자 중심으로 그 문제들을 풀어 갔고, 덕분에 회사는 유니콘 스타트업으로 떠올랐다. 현재는 10만 개가 넘는 도시와 마을에서 10억 개 이상의 숙박 계약을 마쳤으며, 2020년에는 1,007억 달러, 한화로 약 100조 원의 시가총액을 돌파한 최대 숙박업체로 비상하였다.

2) 약통 이야기

파커(Parker)는 약사인 아버지의 뒤를 이어 매사추세츠대학교 보스턴 캠퍼스 약학대학을 다녔다. 그의 아버지는 아주 '전통적인' 약국을 운영했는데, 파커는 어릴 적부터 약국에 들어오는 처방전을 처리하는 일이 얼마나 피곤하고 귀찮은 일인지 옆에서 목격했다. 파커는 약대를 졸업한 후 그의 아버지가 운영하는 약국에서 잠시 근무할 기회가 있었는데, 거기에 자주 오는 한 여성이 매번 다양한 약을 받아가면서 약통에 적힌 라벨을 읽지 못해 파커가 네임펜으로 약통 뚜껑에 커다랗게 약 이름을 써 주곤 했다. 그런 손님이 워낙 많다 보니, 파커가 대학생일 때는 그의 아버지가 고객들의 약을 미리 분류해 놓고 기다리기도 했다. 파커는 이런 아이디어를 디지털화하고, 비즈니스로 키울 기회를 찾기 시작했다.

그러던 중 MIT에서 주최하는 '위약품 해킹 대회(Hacking Medicine)'를 알게 되었는데, 헬스케어와 관련된 스타트업 아이디어를 제안하는 것이 주제였다. 파커는 MIT 학생은 아니었지만, 여기에 꼭 참가하고 싶어 무턱대고 신청서를 냈다. 그리고 2012년 당시 MIT 경영대학을 다니던 엘리엇 코헨(Elliot Cohen)과 한 팀이 되었는데, 이는 정말 운명적인 만남이었다. 그들은

'사용자 중심의 온라인 약국'이라는 주제로 아이디어를 키우기 시작했고, 결국 이 대회에서 우승하게 된다. 1개월 후, 그들은 보스턴에서 열린 스타트업 액셀러레이터인 'Techstars Boston'에 같은 아이디어로 참가하였다. 그들의 아이디어는 '간편해진 약국(Pharmacy simlified)'이라는 제목으로 참가했고, 이 엑셀러레이터에서는 약 4억 달러(한화로 약 5,300억 원)의 투자를 받게 되었다.

이 펀딩을 시작으로 그들은 2년간 약 117억 달러(한화로 약 15조 원)의 투자를 추가로 유치하였다. 그리고 대망의 2014년, 드디어 필팩(Pillpack)이라는 이름으로 온라인 약국을 런칭하였다. 런칭 당시에는 겨우 50명의 사용자가 있었다고 한다. 하지만 1년 사이 이 사용자는 1억 명으로 늘어났다. 그들이 생각했던 사용자의 고충은 실제로 많은 사람이 겪고 있던 페인 포인트였던 것이다. 이후 급격하게 커지는 이 스타트업을 두고 월마트와 아마존이 인수 경쟁에 들어갔고, 2018년 아마존의 승리로 필팩은 아마존에게 7억 5,300만 달러(한화로 약 9천억 원)에 팔린다. 필팩은 이후 아마존 약국(Amazon Pharmacy)이라는 이름하에 운영되고 있으며, 계속해서 서비스 영역을 확장 중이다.

3) 잘 안 쓰는 안경

내가 대학을 졸업하던 날 같은 졸업반이었던 백인 친구가 이상하게 생긴 안경을 쓰고 왔다. "너, 원래 안경 안 쓰잖아?"라고 물으니, 그냥 안경이 아니란다. 의기양양한 표정으로 자신의 안경을 벗어서 신이 난 듯 보여 준다. "타국에 있는 부모님께 졸업식 현장을 보여 줄 수 있는 안경이야! 녹화도 녹음도 된다고!" 그가 흥분하면서 말하자 주변에 있던 친구들이 몰려들었다. 2013년, 세간의 핫이슈였던 구글 글래스였다. 영화에 나오는 것처럼 안경의 오른쪽 눈 위에 달린 투명한 사각형을 통해 현실세계 위에 정보 디스플레이가 나온다. 카메라가 달려 있어 내가 보는 것을 누군가와 공유할 수 있다. 그 외에도 일정, 음성 제어, 시간, 날씨, 메시지, 촬영, 위치, 음악, 검색, 영상 등 정말 많은 기능이 "오케이 글래스"라고 한마디만 외치면 사용할 수 있다. "사진 찍어 줘."라고 하면 내가 현재 보고 있는 것을 찍어주고, 지금 당장 궁금한 것을 말하면 구글에서 검색해서 눈앞에 보여 준다. 그냥 들었을 때는 스마트폰처럼 정말 이제 모두가 한 개쯤은 가지고 있어야 할 것 같이 혁신적인 제품이다.

그런데 구글 글래스는 실패했다. 그냥 실패도 아니고, 요즘 말로 정말 폭망했다. 그 이유 중에는 완성되지 않은 기기를 거의 200만 원이나 되는 호가에 판매한 것도 있지만, 사실 최근 스마트폰 가격을 생각하면 이 가격이 완전히 실패한 주 원인이라고 보기는 어렵다. 구글 글래스의 실패에 대해 당시 신문들과 학계는 여러 이론을 내놓았다. 어떤 이들은 제한된 기능을 주 원인으로 분석했는데, 이것은 출시 전 과대 마케팅으로 인해 마치 아이언 맨의 자비스(Jarvis)와 같은 수준의 제품을 기대했던 사용자의 기대치에 훨씬 못 미치는 데다가 높은 가격까지 더불어 거의 되는 것이 하나도 없는 깡통제품이라는 평가까지 돌았다. 그 외에도 사용자의 본성에 대한 연구가 부족했다는 분석이 나왔다. 안경을 쓰면 스마트해 보인다는 한국의 보편적인 인식과는 달리, 미국에서는 안경을 쓰는 것을 부정적으로 보는 경향이 더 강하다. 패션에 관심 있는 사람이라면 안경을 쓰는 일이 거의 없다는 뜻이다. 또한 코로나19 이전의 시대에서는 마스크나 후드를 뒤집어써서 얼굴을 가리는 것이 미국에서는 문화적으로 아주 좋은 의미는 아니었다. 그러다 보니 그 당시 일반인은 본능적으로 얼굴에 무엇인가를 덧대는 것에 대한 불편함이 있었을 것이라는 분석이 있다. 구글 역시 이 사실을 알고 있었다. 사용자 중심 디자인의 선구자라고 할 수 있는 회사에서 당연히 이러한 분석도 하지 않고 출시했겠는가. 아마도 구글은 당시에 "그래, 사용자들은 얼굴에 무엇인가 없는 것을 싫어해. 하지만 구글 글래스는 너무나 쿨(cool)해서 이런 본능을 뒤집을 수 있을 거야!"라고 자신했을 것이다. 그 증거로 "구글 글래스가 출시되기 전 글래스는 언쿨(uncool)하지만 구글 글래스는 쿨하다."라는 이미지를 심어 주려 노력한 기록들이 있다. 예를 들어, 패션의 트렌드를 이끌어 가는 뉴욕 패션위크의 한 런웨이에서 구글 글래스 착용을 보여 주었던 사례가 있다([그림 1-5] 참고).

[그림 1-5] **구글 글래스 착용 사례**

출처: Martinez & Ngak (2012. 9. 10.).

4) 사용자 중심의 시대

에어비앤비나 필팩의 사례는 대표적인 사용자 중심 비즈니스 성공 사례들이다. 고객이 어떤 것에 불편함을 느끼는지, 정확하게 그 가려운 부분을 찾아내어 긁어 줌으로써 생겨난 비즈니스인 것이다. 디자인 싱킹은 이런 여러 사례를 설명해 주는 모델이라고 할 수 있다. 한 천재의 '아이디어'에서 시작하는 것과는 달리, 디자인 싱킹은 고객의 불편함에 대한 '공감'에서 시작한다. 공감을 해야 정확하게 어디가 어떻게 불편한지, 그 가려운 부분이 어디인지 짚어 낼 수 있기 때문이다. 반대로, 구글 글래스는 사용자의 필요를 무시하여 실패한 대표적인 사례이

제1장 집단 지성과 디자이너의 시대

다. 사용자들의 기능적·심미적 필요를 알고 있음에도, 제품의 혁신성이 사용자를 바꿔 줄 것을 기대했다가 그러지 못하게 된 사례라는 뜻이다. '공감'이 없는 제품 아이디어를 대중에게 강요하거나 사용자의 필요를 무시하고 사용자를 제품에 맞춰 바꾸려고 하는 것은 폭력에 가깝다. 이제는 필요 중심의 비즈니스가 성공하는 시대가 왔다. 디자인 싱킹은 이러한 고객 필요를 짧은 시간 내에 파악하고, 그 필요에 대한 창의적인 문제해결책을 제공해 주는 방법론이다.

다음의 장들에서 나는 창의적인 생각을 하는 방법, 그리고 이 방법론을 가장 효율적으로 잘 활용하는 법에 대해 이야기할 것이다. 디자인 싱킹을 잘 배우고, 독자들도 에어비앤비나 필팩처럼 사람들의 필요를 채워 주는 혁신적인 아이디어를 얻을 수 있기를 바란다.

제**2**장
창의적 생각은
어떻게 나올까

창의적인 생각의 특징

1) 쓸모 있는 새로운 생각

창의적인 사람이라고 하면 누가 떠오르는가? 스티브 잡스? 레오나르도 다빈치? 알버트 아인슈타인? 우리는 오랜 시간 동안 '창의적인 사람'과 그렇지 않은 일반인으로 인류를 갈라 왔다. 자신의 분야의 틀을 깨고, 어떤 역사에 남을 만한 변화를 주었던 사람, 즉 유명인들 중에서 창의력을 찾으려고 노력해 왔다. 하지만 정말 창의력이 천재의 전유물일까? 지난 반세기 동안 학자들은 창의력이 열정이나 환경으로 만들어질 수 있는지, 혹은 정말 타고난 천재만이 가질 수 있는 타고난 자질인지에 대해 토론해 왔다. 하지만 이 대답을 하려면, 창의력이 무엇인지부터 정의해야 한다.

창의력에 대한 정의 역시 정말 치열하게 토론되어 왔다. 이 중에서 가장 뜨거운 토론이 있었던 단어는 '새로움(novelty)'인데, 그간 인류의 역사를 보면 '새로운 것'과 '창의력'을 동일한 것으로 보는 경향이 있었기 때문이다. 특히 예술계의 천재들을 보면, 고흐나 피카소처럼 '새로운 시도'를 하여 그 분야의 지평선을 넓힌 것을 창의력의 전부처럼 볼 때가 많았다. 하지만 산업혁명을 지나 우리가 대량생산의 시대로 넘어오면서, 새롭지만 '쓸모없는' 것은 그저 '랜덤'한 것으로 보는 시각이 우세해졌다. 즉, 현대 시대에서 바라보는 창의력은 새롭기도 하지만, 다른 추가적인 조건들이 더 붙었다는 것이다. 샤커(Shakur)와 차크라바티(Chakrabarty)의 「디자인 창의성 평가 설계연구(Assessing Design Creativity; 2011)」에 따르면, 2000년대까지 논문으로만 나온 창의력에 대한 정의가 약 160여 가지나 된다.

이 중에서 학자들이 공통적으로 뽑은 조건들을 살펴보자면, '새로움(novelty)' '쓸모 있음(usefulness)' '가능함(feasibility)' '시장성(marketability)' 그리고 '적용성(implementability)' 등이 있다. 간단하게 요약하면, 현대 시대의 창의성은 '쓸모 있으며 실현 가능한 새로운 생각' 정도로 이해하면 되겠다.

2) 일상의 창의력: 나도 창의적인 사람일까

창의력을 정의하고 자신을 돌아보면, 우리는 일상생활에서도 많은 창의력을 발휘하며 산다는 것을 알 수 있다. 오늘 출근할 때는 무슨 옷을 입을지, 오늘 아이들 도시락에는 어떤 반찬을 어떻게 싸 줄지, 다음 생활비에서 어떻게 지출을 줄여 볼지 등 매일 각각의 상황과 성향에 따라 작은 창의력을 발휘하고 있다. 이런 개인의 창의력이 가장 돋보이는 때는, 바로 일상에서 문제가 발생한 경우이다.

다음과 같은 문제가 발생했다고 상상해 보자. 당신이 새로 구매한 의자가 있다. 매우 어렵게 구한 의자라서 설레는 마음으로 가져왔는데, 막상 집에 갖다 놓고 보니 의자 다리가 마룻바닥과 마찰음이 심해서 충간소음을 유발하게 되었다. 의자를 다시 환불할 생각은 없지만, 이대로 사용한다면 아랫집과 갈등이 생길 것 같다. 이 의자를 계속 사용하면서도 쉽고 빠르게 소음을 줄이려면 어떻게 해야 할까?

아마 이 문제를 읽자마자 당신의 머릿속에 떠오른 해결방안이 한 개 이상은 있을 것이다. 다른 데서 본 것처럼 의자 다리에 테니스공을 잘라 붙일 수도 있고, 시각적으로 그게 마음에 들지 않는다면 고무를 덧댈 수도 있다. 의자 아래에만 카펫을 깔수도 있고, 극단적으로는 아예 의자를 바닥에 고정해 버릴 수도 있을 것이다.

일상의 문제는 늘 발생하고, 우리는 이런 문제들을 마주칠 때마다 이렇게 수없이 '쓸모 있고 실현 가능한 새로운 생각'들을 한다. 이런 창의력은 학교에서 배운 것도 아니고 누가 알려준 것이 아닐 경우가 많다. 그저 그간의 경험과 지식, 성향과 환경에 따라 그때그때 나오는 '타고난(innate)' 문제해결력인 것이다.

3) 복잡한 문제는? 집단 창의력으로 해결하라

디자인 싱킹의 개념은 이렇게 누구나 가지고 있는 타고난 창의력에 그 기반을 두고 있다. 한 명의 천재가 아닌, 여러 사람의 다양한 일상적 창의력이 모여 더 큰 집단의 도약을 만들어 내는 것이다. 가구 리폼으로 층간소음을 줄이는 문제는 혼자서 해결할 수 있는 간단한 문제라고 했을 때, 조직의 문제는 대부분 혼자서는 해결하지 못하는 복잡한 문제일 가능성이 높다. 특히 물리적이거나 경제적인 문제뿐만 아니라 이해관계자들의 정치적이고 사회적인 관계까지 얽히고설킨 문제라면 더더욱 간단하게 해결하기는 어렵다. 디자인 싱킹에서는 이러한 풀기 어려운 문제를 '사악한 문제(wicked problem)'라고 정의하고, 이것을 해결하는 방법에서는 개개인의 작은 창의력이 핵심이라고 이야기한다.

사악한 문제는 보통 어디서부터 어떻게 손대야 할지 모르는 거대하고 복잡한 문제이다. 그동안은 이런 문제를 혼자 힘으로 해결한 스티브 잡스 같은 이들이 '천재'라고 불리며, 이러한 천재를 찾거나 천재가 되기 위한 노력이 계속되어 왔다. 반대로 스스로 '천재'를 보유하지 못했다고 믿는 조직은 이러한 사악한 문제를 맞닥뜨리는 경우, 보통은 방어적으로 변했다. 방어적인 태도는 결국 안전한 방법을 택하게 만들고, 그러다 보니 조직이 크고 문제가 복잡할수록 그에 대한 문제해결은 베스트 솔루선이 아닌 '그동안 탈이 없었던' 답을 택하게 되었던 것이다.

이런 방어적인 태도는 결국 창의성을 완전히 배제해 버리는데, 그러다 보니 점점 더 혁신이 일어나기는 어려워진다. 이 때문에 이런 '천재'에 의지하는 문화는 점차 사라져야 하며, 그 대안으로 집단 지성을 활용하는 방안을 찾는 것이 조직 입장에서더 효율적이다. 더불어, 디자인 싱킹이 집단 지성을 활용하는한 가지 방안이라고 이해한다면, 조금 더 친근하게 생각할 수있겠다.

4) 디자인 싱킹과 창의력

그렇다면 창의력은 디자인 싱킹과 어떻게 연결될까?

2005년, 디자인 싱킹을 활용하여 미래 경영자들에게 창의성을 가르치려고 스탠퍼드대학교 D-스쿨을 설립한 데이비드 켈리는 톰 켈리와 공저한 책 『아이디오는 어떻게 디자인하는가: 스탠퍼드 디스쿨 창조성 수업』(MX디자인랩 역, 유엑스리뷰, 2021)에서 다음과 같은 이야기를 했다.

처음에는 창의성이 부족한, 똑똑한 분석가들에게 창조성(창조하는 능력)을 가르치려고 했는데, 가르치다 보니 모든 이들이 이미 창조성을 가지고 있으며, 이것을 활용하면 혁신적인 아이디어들이 무한대로 나오는 것을 확인했다. 그 결과, 그들은 '천재'를 길러 내는 수업이 아닌, 이미 모두가 가지고 있는 창의성을 확인시켜 주고 그 자리에서 이 창의성을 어떻게 쓰는지 보여 주는 수업을 하였다.

그 과정에서 디자인 싱킹이라는 방법론은 두 가지 이익을 제공했다. 첫째로, 앞에서 언급한 개개인의 창의력을 활용할 수 있는 기회를 주었다. 디자인 싱킹의 단계 중 '문제정의' 단계에서는 아주 복잡해서 절대 해결할 수 없을 것만 같은 문제를 작은 일상의 문제 사이즈로 쪼갠다. 즉, 엄두가 나지 않는 문제를 오늘 당장 해결할 수 있을 것 같은 여러 개의 작은 문제들로 볼 수 있도록 시각을 바꾸는 단계를 마련해 주는 것이다.

둘째는, 디자인 싱킹은 집단이 문제를 함께 풀 수 있는 방안을 제시했다. 집단으로서 아이디어를 발산하고 또 수렴할 수 있는 실질적인 방법을 알려 주는 것이다. 이것은 그냥 여러 명이 모여 회의하는 것과는 다르다. 서로 여러 의견을 내보고 그 중에 가장 나은 의견을 받아들이는 것과는 다르게, 디자인 싱킹 워크숍에서는 나도 몰랐던 내 안의 타고난 작은 창의력들을 발산하고, 또 각자 다른 아이디어들이 모여서 하나가 될 수 있다. 즉, 집단 지성의 합(sum)이 아닌 화학적 반응(chemical reaction)이 일어나는 것이다.

더 구체적인 디자인 싱킹 활용 방법에 대해서는 책의 후반부에서 자세히 설명할 것이다. 여기에서 기억해야 할 점은, 창의성은 '천재성'에서 나오는 것이 아닌, 우리 모두가 타고난 '문제해결력'이라는 것이다. 오늘은 또 어떤 일상의 문제를 해결했는지 생각해 보고, 내 안에 이미 창조적인 능력이 있다는 것을 인정해 보자.

창의적인 생각의 재료를 모으는 방법

1) 1만 시간의 법칙, 요즘도 통할까

'1만 시간의 법칙'이라는 말을 들어본 적이 있는가? 밀레니얼에 들어오기 전 한참 유행했던 개념이다. 그 내용을 살펴보면, 대략 어떤 분야의 전문가가 되려면 적어도 1만 시간은 그 분야를 연습해야 한다는 것으로, 그 처음 시초가 되었던 논문은 1993년 미국 플로리다 주립대학교 교수인 안데르스 에릭슨(Anders Ericsson)에 의해 쓰였다고 한다. 이 논문은 연주 실력이 좋은 바이올린 연주자들이 성인이 되어 그 분야의 전문가로 불리기까지 평균적으로 1만 시간을 연주했다는 내용을 담고 있다.

이 내용은 후에 유명 기자이자 작가인 말콤 글래드웰(Malcolm Gladwell)에 의해 『아웃라이어』(노정태 역, 김영사, 2019)라는 제목의 책으로 자세하게 다뤄지면서 더 알려지게 되었다. 나는 불어를 배울 때 비슷한 이야기를 들어 본 적이 있다. 프랑스에서 유학하던 시절, 나는 불어 선생님에게 언제쯤 나도 불어를 편하게 사용할 수 있을지 물었다. 그러자 선생님은 경험상 대충 하루 10시간, 3년 정도 듣고 말하다 보면 "나도 불어를 한다."라고 말할 정도는 된다고 답했다. 계산해 보면 이 역시도 약 1만 시간 정도이다.

나는 모든 영역에서 1만 시간의 법칙이 통한다고 믿지는 않는다. 요즘은 직업이 너무나 분리되어 있고, 또한 다양한 능력을 필요로 하기 때문이다. 예를 들어, 전혀 다른 일을 하던 회사원이 전문 유튜브 크리에이터가 되기 위해 1만 시간의 방송을 연습해야 한다거나, 작가가 되기 위해 1만 시간의 글 연습을 해야 한다고는 생각하지 않는다. 실제로 최근 방송에 성공한 웹툰 작가들이 많이 나오는데, 어떤 이는 그림 그리는 것과는 전혀 상관없는 변호사로 살아왔고, 또 어떤 이는 공학박사까지 땄지만 지금은 전업 육아 콘텐츠 웹툰 작가로 활동 중이다.

이런 현상을 살펴보면, 사실 이 1만 시간의 법칙은 어떤 한 가지 일에 대한 '연습', 즉 기술의 연마만을 이야기하는 것이 아닐 수도 있겠다는 생각이 든다. 그것보다는 1만 시간 동안 어떤 위대한 것을 만드는 데 대한 '재료'를 모으는 것이라 생각한다면 더 맞아떨어진다. 예를 들어, 앞에서 언급한 회사원이 유명 유튜브 크리에이터가 되려면, 유튜브를 1만 시간 보고 만드는 것보다는 유튜브에서 충분히 재미있는 이야기를 할 수 있도록 콘텐츠 재료를 모아야 한다. 변호사이자 웹툰 작가가 된 사람도 마찬가지이다. 웹툰 그림 그리기를 1만 시간 연마하는 것보다는, 웹툰에서 독자들을 사로잡을 만한 스토리, 즉 콘텐츠를 모아야 한다.

다시 말해, 오늘날의 전문가가 되려면 그 관련 분야의 기술을 잘 익히는 것도 중요하지만, 이에 더하여 그 분야에서 가치 있는 무엇인가를 만들어 내기 위한 콘텐츠 재료를 모으는 것이 중요하다는 것이다. 이런 콘텐츠는 하루아침에 만들어지는 것이 아니며, 소비할 만한 가치가 있는 것을 만들어 내기까지는 아마도 1만 시간 정도의 투자가 필요하지 않을까 싶다. 이것은 기술을 익히는 것이 쓸모없어졌다는 것은 아니다. 여전히 클래식 음악이나 무용처럼 막대한 훈련과 연습이 중요한 분야는 계속 존재하며, 한 분야의 전문가로서 그 기술을 갈고닦는 것은 중요하다. 다만, 여기서 강조하고 싶은 것은 우리가 새로운 가치 창출의 시대에 들어섰으며, 이제는 1만 시간의 '기술 훈련' 법칙 외에도 전문가가 되기 위해서는 그에 못지않은 콘텐츠 재료의 축적, 즉 어떤 분야에 대해 깊이 고민해 보고 창의적인 생각을 생산해 본 경험이 중요한 시대가 되었다는 것이다.

2) 생각의 재료는 어떻게 모을까

경험이 어느 정도 쌓이면 나만이 가진 가치 있는 콘텐츠가 된다. 다시 말해, 이 경험들은 내 창의력을 발휘하기 위한 생각의 재료가 되는 것이다. 그렇다면 나만이 가질 수 있는 생각의 재료들, 즉 경험들은 어떻게 모을까? 1만 시간의 경험을 모으는 것에 비하면, 1만 시간의 연습을 하는 것은 수월하게 느껴진다. 전문가가 되기 위한 기술은 대부분 선행과 예시가 있는 반면, 매일같이 새로운 분야가 생기는 이 시대에서는 어떤 경험을 모아야 하는지 누구도 알려 주지 않기 때문이다.

실제로 대학생들을 가르치다 보면 가장 많이 들어오는 상담이 이 경험에 관한 것이다. 어떤 회사나 대학원에 가기 위해서 필요한 기술들이나 스펙들은 어느 정도 정의가 되어 있어서 열심히 노력하면 되는데, 문제는 어떤 경험을 가지고 있는 것이 그들을 좋은 후보로 만들지 모르겠다는 것이다.

나는 이런 질문에 대해서 간단하게 접근하라고 말하고 싶다. 다음 장에서 다시 이야기하겠지만, 창의성은 생각의 양과 비례한다. 즉, 어떤 경험이든, 그것이 크든 작든 뭐든지 내가 지금 할 수 있는 것은 다 하는 것이 이후의 창의성에 도움이 될 것이다. 여기서 주의할 점은 똑같은 경험을 반복하는 것인데, 경험과 기술이 헷갈려서 계속해서 1만 시간 이상으로 똑같은 경험을 다루는 것은 지양해야 할 점이다. 앞에서 언급한 기술 훈련과는 다르게 경험이란 다양하게 퍼질수록 좋다. 이렇게 차곡차곡 모인 경험은 내 생각을 가로세로로 넓혀 주고, 이후에 분야와 주제에 맞게 활용할 수 있도록 저장된다.

3) 생각의 모양: 왜 사람들은 일정한 방향으로만 생각할까

내가 대학생이었던 2012년에 학교에서 저명한 심리학 저자들을 불러 토론해 보는 행사를 열었다. 그때 당시 앞에서 언급했던 말콤 글래드웰도 방문을 했는데, 그는 『다윗과 골리앗: 거인을 이기는 기술』(김규태 역, 김영사, 2020)이라는 책을 집필하면서 궁금한 점이 생겼다며 토론의 포문을 열었다.

그의 주요 질문은 "왜 사람들은 한 방향으로밖에 생각하지 못할까?"라는 것이었다. 그가 이해한 세상의 이치는 대부분 거꾸로 만든 U 모양인 종 모양(∩)이다. 즉, 어떤 일이든 표준분포처럼 극단적인 것보다는 가장 적절하며 평균적인 방법이 있다는 것이다. 하지만 이상하게도 사람들은 미래를 예측하거나 정치에 대입할 때면 뭐든지 흑백논리처럼 생각한다. 이것은 '사선'(일방적으로 한쪽 방향) 방향으로만 모든 일이 흘러간다고 생각하는 경향이 있다는 것이다. 예를 들면, '적절한 채소'가 건강에 좋다는 것은 누구나 알고 있다. 하지만 우리가 실제로 밥을 먹을 때는 '채소는 몸에 좋다.'라는 생각을 가지고 먹는다. 이런 양상은 마케팅에서도 흔히 활용되는데, 특정 음식, 예를 들어 당근을 섭취하는 것이 눈에 좋다고 홍보하면 당근의 '적정 섭취량'에 대해서 고민하기 전에 당근은 눈에 좋다는 일방향의 생각이 자리 잡게 된다. 그래서 결국 적정량을 무시한 채 무조건 많이 먹는 것이 좋다는 잘못된 믿음에 빠지게 된다. 말콤은 왜 우리 인간은 뭐든지 적정량이 있다는 것을 알고 있으면서도, 일상생활에서는 한쪽 방향으로만 단순하게 생각하게 되는지 그 이유를 알고 싶어 했다.

이에 대한 답으로 당시 그 자리에 있던 심리학 저자들은 여러 가지 이론을 내놓았는데, 그중 기억에 남는 이론 두 가지가 있다. 첫째, 사회심리학 분야에서 꽤나 유명했던 토리 히긴스(Tory Higgins) 교수가 내놓은 답이었는데, 우리가 사선으로 생각하는 이유는 바로 '한 가지 답'을 찾는 문제해결 방식에 익숙해져 있기 때문이라고 했다. 예를 들어, 학생들에게 시험을 망친 이유에 대해서 묻는다면, 학생들은, 노력을 안 해서, 시험이 어려워서, 운이 나빠서 중에 한 가지를 고른다. 하지만 실제로는 이 세 가지가 다 해당되는 경우가 더 많다는 것이다. 우리가 이렇게 정답을 고르려고 하는 이유는 우리 마음속에 '답은 하나'라는 규칙을 세워 놓고 그것을 숭배하고 있기 때문이라고 했다.

둘째, 뇌과학 분야에 새로 부임한 교수였던 캐서린 너티얄(Kathrine M. Nautiyal) 교수가 제기한 내용이다. 그녀는 우리가 일방향으로 생각할 수밖에 없는 이유가 바로 경험의 한계 때문이라고 했다. 즉, 우리는 어릴 적에 무엇이 '좋다' 혹은 '나쁘다'로 치우쳐서 머리에 저장되는 경우가 많고, 이 때문에 평소에 어떤 예측을 할 때도 '좋을 것이다' 혹은 '나쁠 것이다' 하고 단순하게 생각하게 된다는 것이다. 다시 말해, 우리는 머릿속에

제2장 창의적 생각은 어떻게 나올까

'좋은 것'과 '나쁜 것'이라는 방을 만들어 놓고, 세상에서 마주치는 것들을 이 두 방에 나누어 보관하려고 한다. 하지만 나이를 먹으면서 경험하는 다양한 것이 이 두 개의 방 중 어느 것에도 해당하지 않는 경우들이 발생하는데, 이런 중도적인(neutral) 경험들이 쌓여 사고가 확장되며 진정한 어른이 되어 가는 것이라 주장했다.

나는 이 두 교수님의 이론들에 어느 정도 동의한다. 우리는 어릴 적에 아주 한정적인 사고의 틀을 생성한다. 그리고 그 이후에 경험하는 것들을 이 틀에 맞추어 구조화시킨다. 하지만 혁신을 일으키려면 이러한 사고의 틀을 깨고 점점 시야를 확장해야 한다. 즉, 일방향으로 생각하는 경향을 타파하고 생각을 더 다양화시켜야 한다. 내가 스스로 만든 생각의 틀을 깨고 나의 사고를 확장하라. 이것이 가능해지려면, 나의 틀에서 벗어난 경험을 최대한 많이 해 봐야 한다. 내 마음을 불편하게 하고 나를 어쩔 줄 모르게 만드는 상황을 두려워하지 말고 정면으로 부딪쳐 보라. 이것은 디자인 싱킹을 시작하기 전 갖추어야 하는 태도이다. 나의 틀을 버릴 준비가 되었다면, 이제 디자인 싱킹을 시작할 준비가 되었다.

열한 번째 아이디어:
'우스꽝스러운(Silly)' 싱킹의 힘

1) '창의적인 생각'을 연구하는 '원더 배리' 교수와의 만남

미국에서 박사과정을 공부할 당시, 나의 지도교수님인 배리 쿠드로비츠(Barry Kudrowitz)는 아주 재미있는 사람이었다. 작은 키에 악성 곱슬머리를 한 그는 상당히 엉뚱한 교수였다. MIT 기계공학과를 나와 미네소타 주립대학교에서 디자인공학/제품 디자인 교수로 활동하고 있었는데, 학교에 출근할 때면 마치 화학자나 생물학자처럼 긴 흰색 실험복을 입고 다니곤 했다.

이 실험복은 '창의 연구실'의 연구자라는 표시로, 누구나 '창의 연구실'의 조교가 되면 이런 시험복을 받을 수 있었다. 배리는 괴짜 과학자처럼 항상 그림을 그리고 있었다. 하루는 그 작은 수첩에 맨날 뭘 그리고 있나 궁금해서 몰래 봤는데, 나는 알아보기 힘든 어떤 구조에 대한 그림들이 빼곡히 그려져 있었다. 나는 그에게 이렇게 그림 그리는 걸 좋아하고, 결국 제품 디자인 교수가 될 거면서 왜 애초에 기계공학과를 갔냐고 물어본 적이 있다. 그는 어릴 적 플로리다주에 살았는데, 거기 있는 디즈니랜드에 갔다가 너무 감명받아서, 디즈니랜드의 롤러코스터 개발자가 되고 싶어서 기계공학과를 갔다고 대답했다. 결론적으로 롤러코스터 디자이너는 되지 못했지만, 지금 그는 해즈브로(Hasbro) 등 대형 장난감회사들에서 투자를 받으며 '창의적인 생각'에 대한 연구를 하고 있다.

배리는 창의적인 제품 아이디에이션(ideation) 분야에서는 꽤나 유명인사다. 한번은 미국 최대 기계공학 학회로 알려진 ASME(American Society of Mechanical Enginners)에 참여했는데, 길에서 만나는 사람들이 나에게 찾아와 "당신이 배리의 학술적 딸(scholaristic daughter)이군요!"라며 아는 척을 할 정도였다. 특히 배리는 유머와 창의성에 대한 연구를 하면서 미국의 유명한 스탠드업 코미디언들과도 친하게 지냈는데, 그 영향 때문인지 학회에서 발표할 때면 따분하고 지루한 학술연구 발표가 아닌, 마치 코미디 무대처럼 연기도 하며 재미를 주곤 했다. 배리는 스스로를 '원더 배리'라고 브랜딩하며, 그의 제자인 나에게 학술적인 조언 외에도 발표의 기술이나 협업에 도움이 되는 놀이 그리고 학생들의 창의성을 길러 주는 방법 등에 대한 이야기를 많이 해 주었다.

2) 예외적인 답 '발산'하기

배리는 미네소타 주립대학교 디자인과에 입학하는 학생들이

들을 수 있는 창의력 수업을 운영하고 있다. 그의 수업은 매 학기당 80명 정도의 정원 제한이 있는데, 이 수업을 듣지 않아도 되는 타 전공 학생들까지 너무 많은 학생이 수강신청을 하는 바람에 늘 바글바글하다.

이 수업에서는 창의력을 키우는 여러 가지 방법을 배우고, 제품 아이디어를 내보고 또 만들어 본다. 그리고 학기 말에는 미니애폴리스에 있는 다양한 제품회사의 실무진이 직접 와서 학생들의 아이디어를 판단해 주고, 간혹 마음에 들면 투자하기도 한다. 이 과정에서 배리는 아이디어의 창의성을 판단해 주는 여러 도구를 사용하는데, 그중 가장 빈번하게 사용한 것이 예외적 용도(Alternative Uses Task: AUT)라는 평가표이다.

AUT는 어떤 평범한 사물을 보여 주고 최대한 그 사물의 예외적 용도를 적어 보는 테스트인데, 예를 들어 흔하게 볼 수 있는 구멍이 세 개 뚫린 벽돌을 주면, 학생들은 정해진 시간 동안 그 벽돌의 용도를 최대한 많이 적어 본다. 그 답들을 살펴보면 처음에는 '집 짓기' '벽 쌓기' 등 본래 벽돌의 흔한 용도들로 시작하지만 뒤로 갈수록 '벽돌의 구멍에 꽃을 심어서 화병으로 쓰기' '벽돌을 가방에 넣어서 운동 도구로 쓰기' 등 점점 예외적인 용도들이 나타나기 시작한다.

AUT는 본래 시각적 생각의 '발산'을 훈련하기 위한 도구로, 길포드(J. P. Guilford)라는 학자에 의해 개발되었다. 물론 '발산'이 창의적인 생각의 전부는 아니지만, '새로움'이 중요한 창의력 영역에서 상당히 중요한 기반을 차지하고 있다고 생각할 수 있다.

3) 우스꽝스러움 속에 독창성이 숨어 있다

수많은 학생을 대상으로 이런 창의력 수업을 운영하면서 배리는 한 가지 실험을 진행했다. 흔히 우리가 '독창적'이라고 얘기할 수 있는 아이디어가 이런 발산의 과정 중에 언제쯤 나타나는지를 알아본 것이다. 배리가 2013년도에 한 연구를 보면, 약 3,000명의 학생 응답을 수집한 결과, 대부분의 학생이 9~10번째 응답까지는 모두 비슷한 아이디어를 내는 것을 볼 수 있었다. 즉, 순서는 조금씩 다르지만 어떤 아이디어를 낼 때 열 번째 아이디어까지는 누구나 생각할 수 있는 연상 단어가 나온다는 것이다.

하지만 열한 번쯤 되자 학생들의 답들이 서로 달라지기 시작했다. 이렇게 열 번째 이후로 나온 응답들을 살펴보니, 말도 안 되거나 기상천외한 답변들이 나오기 시작했는데, 그야말로 독창성이 높은 아이디어들이 나오고 있었다. 배리는 이렇게 나온 아이디어들을 '우스꽝스러운(Silly)' 아이디어로 정의하고, 실제로 아주 새롭고 창의적인 아이디어는 이러한 우스꽝스러운 아이디어 중에서 개발된다는 이론을 제기했다. 더 나아가, 배리는 여기에서 아이디어의 양과 질을 비교해 봤는데, 아이디어를 많이 낸 학생일수록 이러한 '독창적인' 아이디어가 나올 확률이 더 높은 것으로 나타났다. 이 말은 아이디어를 많이 내는 사람은 곧 창의적인 사람일 확률이 높다는 말과도 직결된다.

4) 양이 곧 질이 되는 '싱킹 풀' 키우기

업무 과정에서 창의적인 아이디어를 내려고 보면, 너무 부담스러워서 머리가 멈춰 버리는 경우가 많다. 오히려 잠들기 전이나 전혀 상관없는 수다를 떨고 있다가, 혹은 다른 생각을 하다가 문득 창의적인 생각이 드는 경우를 경험한 적이 누구나 있을 것이다. 이것은 연상의 힘으로, 생각이라는 것이 파도처럼 이어서 밀려오는 가운데 혁신적인 아이디어가 함께 섞여 오는 것이다.

배리의 연구처럼 생각의 양 자체가 많으면 이러한 독창적이고 혁신적인 아이디어가 함께 섞여 있을 가능성이 높아진다. 하지만 애초에 독창적인 아이디어를 찾는다고 '쓸데없는 생각하기'를 자제한다면 점점 더 좋은 아이디어를 찾기 어려울 것이다. 나는 이렇게 애초에 생각의 양을 많이 늘리는 것을 '싱킹 풀(thinking pool) 키우기'라고 정의한다. 싱킹 풀이 크면 클수록 진주 같은 창의적 생각이 들어 있을 확률이 높다.

싱킹 풀을 키우는 것에서 가장 중요한 것은 바로 배리의 연구에서 보았던 열 번째 이후의 아이디어, 즉 '우스꽝스러운

(Silly) 아이디어'를 내는 것을 두려워하지 않는 것이다. 처음에는 AUT 테스트의 시작이었던 벽돌처럼 아주 쉽고 흔하며 중요하지 않은 곳에서 시작할지라도, 자신의 안전하고 익숙한 열 번째 아이디어 울타리를 넘어 열한 번째 아이디어 이상으로 갈 수 있다면, 창의적인 아이디어를 뽑아내는 데 큰 도움이 될 것이다.

열한 번째 아이디어를 내는 방법 중 한 가지 추천하는 방식은 바로 '속도'이다. UX 디자인에서는 '도허티의 임계'라는 법칙이 존재한다. 이것은 컴퓨터와 사용자가 굉장히 빠른 속도(0.4초 이하)로 상호작용하게 되면 생산성이 극대화된다는 법칙이다. 즉, 어떤 작업을 하는 사용자가 있다고 가정했을 때, 그 사용자가 클릭을 할 때마다 컴퓨터가 느리게 반응하거나 응답이 없고 로딩도 오래 걸린다면, 사용자는 집중력이 흐트러지거나 다른 업무를 먼저 처리해 버릴 수 있다. 이 때문에 사용자가 클릭하거나 입력하는 데 컴퓨터가 0.4초 이하의 빠르기로 반응한다면, 사용자가 하려던 작업의 속도가 아주 빨라질 수 있다는 뜻이다. 이러한 도허티의 임계는 창의적인 상호작용에도 적용될 수 있다. 즉, 어떤 아이디어가 나왔을 때, 이것에 대해 너무 오래 고민할 필요가 없다는 것이다. 아이디어는 절대 한 번에 완벽할 수 없으므로, 아이디어와 아이디어를 낸 사람 간에 빠른 검토 및 수정, 그리고 아이디어를 낸 사람과 다른 사람과의 빠른 상호작용을 통해 아이디어는 계속해서 눈덩이처럼 커져 가고 또 정제되어진다. 또한 빠른 아이디에이션은 우스꽝스러운 아이디어를 내는 것에 대한 두려움을 완화시켜 준다. 그 결과, 나는 '1분 이내 아이디어 15개 쓰기' 등 정해진 시간 내에 아주 많은 아이디어를 내는 액티비티를 자주 한다. 속도감과 긴박함 속에서 아이디어의 개수를 늘리고 두려움도 줄임으로써 두 마리 토끼를 잡으려는 것이다. 만약 혼자서 창업을 고민하고 있다면, 이 방법은 아주 유용하게 사용될 수 있다. 한 가지 아이디어에 너무 오랫동안 붙잡고 있는 것보다는, 시간을 정해 두고 다양한 솔루션을 생각해 보자. 그 속에서 혁신적인 비즈니스의 씨앗이 분명히 발견될 것이다.

프랑스식 생각하기 vs. 미국식 생각하기 기술

1) 불어를 못하면 당장 나가라

고등학교 1학년이 지나고 나는 부모님의 갑작스러운 직장 발령으로 프랑스에 가게 되었다. 불어라고는 '봉주르'밖에 모르던 상황이어서 나도 부모님도 여간 난감한 일이 아니었다. 한국에서 예술중학교(이하 예중), 예술고등학교(이하 예고)를 다니고 있었기 때문에 계속 미술을 하고 싶었지만, 불어를 못하는 바람에 어쩔 수 없이 모든 과목이 영어로 진행되는 국제학교에 들어갔다. 하지만 미술학도로서 어떻게 그 프랑스에서 일반 학교만 다니겠는가. 부모님과 열심히 알아본 결과, 프랑스 보자르 국립미술원에서 저녁마다 누구나 들을 수 있는 드로잉 클래스를 열어 놓는다는 것을 알게 되었다. 결국 낮에는 일반 국제학교, 저녁에는 프랑스 미대를 다니게 되었다. 나는 매일 두 학교를 오가면서 조금은 다른 방식의 두 교육과정과 분위기를 겪게 되었다. 국제학교는 여러 나라에서 온 학생들이 모여 있었고, 교사들은 대부분 영국인이었다.

보자르 국립예술원 과정은 매우 소수로 진행되며, 나를 제외한 모든 학생이 다 프랑스인이었다. 수업 첫날, 설레는 마음으로 스케치북과 연필을 챙겨 강의실에 들어갔는데, 학생들이 동그랗게 앉아서 서로 소개를 하고 있었다. 내가 들어가자 수업을 담당한 교수님께서 불어로 뭐라고 길게 이야기했는데, 나는 정말 단 한마디도 알아듣지 못했다. 교수님의 연설이 끝나자 모두 어디론가 뿔뿔이 흩어져 그림을 그리기 시작했다. 나는 교수님께 가서 미리 외워 두었던 불어로 더듬더듬 "저는 불어를 아직 잘 못합니다."라며 양해를 구했는데, 교수님께서는 그 말에 매우 분노하며 당장 나가라고 소리를 질렀다.

프랑스 사람들이 언어에 대한 자부심이 대단하다는 것은 알고 있었지만, 나는 처음으로 마주친 차별에 매우 당황했다. 하지만 방법이 없었다. 한국으로 다시 돌아가고 싶어도 갈 수가 없었고, 이 수업은 미술을 하던 나에게는 매우 중요한 시간이었다. 나는 영어로 "불어 못해도 그림은 그릴 수 있다."라고 반박했다. 그랬더니 놀라운 일이 벌어졌다. 눈에 불이 활활 타오르던 교수님이 그 한마디에 "오케이." 하더니 내 스케치북에 불어 단어들을 써 주기 시작한 것이다. 지금부터 그려야 하는 것들을 불어 단어로 써 준 것이다. 다음에는 이 단어들을 모두 외우고, 그림으로 표현해 오라고 했다. 이런 개인 숙제는 그 학기 내내 계속되었고, 나는 수업이 끝날 때쯤에 내가 그린 것들은 모두 불어로 설명할 수 있게 되었다.

2) 일단 반대하고 보기

영어를 할 수 있고, 가르치는 것에도 열정적이었던 그 교수님은 왜 나의 그 한마디에 그렇게 화를 냈을까? 그저 불어에 대한 프라이드 때문이라면, 그 이후에 영어로 계속해서 설명해 준 태도가 이해가 가지 않는다. 그런데 그 후에도 다른 곳에서 비슷한 일들이 반복되는 것을 느꼈다. 드로잉 수업 후에는 가구박물관에 가서 가구를 그려 보는 수업을 들었는데, '아름다운 가구'를 찾아 그리라는 과제였다. '아름답다'는 것은 주관적이기 때문에, 나는 조금 희귀해 보이는 핏빛의 탁자를 골라 그렸다. 그런데 이 수업의 교수님이 그림을 보더니 "이건 전혀 아름답지 않아!"라며 소리쳤고, 나는 왜 그 탁자가 내 눈에 아름

제2장 창의적 생각은 어떻게 나올까

다워 보였는지, 그 시대에 이런 탁자가 얼마나 희귀한지에 대해 한참 설명해야 했다.

그런가 하면, 같은 수업을 듣는 동료들(친구라고 하기에는 모두 나이가 50대 이상이었다.)은 재미있는 TV 쇼나 영화, 투어 장소, 음식 등 대해서 얘기하면 늘 시큰둥하거나 화를 냈다. 나는 이런 반응 때문에 프랑스인들은 매사에 부정적이라는 느낌을 받았다. 나는 이후에 프랑스 철학에 대한 책을 읽고 또 친구들과의 대화를 통해서 그 이유를 알게 되었다.

나는 프랑스인들의 이러한 태도를 '일단 반대하고 보기'라고 정의한다. 매우 부정적으로 보이지만, 사실 이러한 태도 때문에 나는 불어를 더 많이 배웠고, 끊임없이 누군가와 대화하고 있었다. 즉, 이들의 부정은 대화를 단절시키는 것이 아닌 '생각을 더 하게 만들고 설득을 더 하게 만드는' 방법이었던 것이다. 이러한 문화가 어디에서 왔는지는 프랑스 역사를 조금만 들여다보면 알 수 있다.

3) 토론은 협업의 피와 살

17세기 유럽에서 유행한 계몽사상은 인간이 이성의 힘으로 문명을 발달시킬 수 있다는 사상이다. 그런데 이 사상의 바탕에는 인간과 인간이 만나 지성을 적극적으로 상호 교환하면 사회 이익을 창출해 낼 것이라는 생각이 깔려 있다. 즉, 프랑스인들의 문화에는 여럿이 모여 생각을 토론하는 것이 결국 국가와 인류를 발전시킬 것이라는 믿음이 상당히 강하게 자리 잡고 있다. 실제로 계몽주의 시대에 재발굴된 '살롱(salon)' 문화는 이런 집단 지성을 길러 내는 최적의 문화인데, 요즘은 우리나라에서도 북 클럽, 소셜 클럽 등의 형태가 보이기 시작했다. 고대 그리스에서 기원한 살롱의 본래 형태에 대해 이야기하려면 끝도 없지만 17세기 프랑스 살롱의 특징만 말하자면, 귀족 부인들이 차 마실 공간을 제공하고 종교인, 지식인, 예술가들이 모여 다양한 주제에 대해 자유롭게 토론하고 비평하는 자리였다. 프랑스 살롱에서는 타 유럽 지역과는 조금 다른 특별한 규칙들이 존재했는데, 첫째는 '정확한 불어(사투리, 길거리 슬랭, 외래어 등을 제외한)'를 쓰는 것이었고, 둘째는 '평등한 대화'였다. 즉, (몇몇 남성 철학자들을 제외한) 대부분의 살롱은 여성 역시 귀족 남성과 함께 토론에 참여할 수 있었다.

이러한 살롱 문화, 혹은 토론 문화는 '협업'의 피와 살이다. 아무리 많은 사람이 모여도 생각을 주고받을 줄 모르거나 특정 인물의 말만 수렴하는 형태라면, 창의적인 시너지가 일어나지 않는다. 그것은 그저 여럿이 모여 TV나 강의를 보는 것과 같다. 상대의 말에 싸움을 걸거나 무조건 비판하라는 것이 아니다. 다만, 어떤 주장에 대해서 항상 반대의 의견을 상상해 보고, 그것에 대한 증거를 찾아보는 것이다. 그리고 내 생각과 다른 생각을 가진 사람을 설득해 보는 것이다. 이런 방법들이 모두 협업에서 '생각을 발전시키는' 방법이다. 이 방법을 다른 용어로는 '악마의 옹호자(devil's advocate)'라 칭한다. 이는 '일부러 반대 입장을 취한다.'라는 개념인데, 상대의 논리가 얼마나 탄탄한지 보기 위해 또한 토론을 하기 위해 일부러 반대 의견을 내보는 것이다. 악마의 옹호자는 가톨릭에서 추기경이나 성인을 승인하기 전 청문회 형식의 토론을 하기 위해 처음 사용된 단어이지만, 지금은 토론의 한 방법으로 사용되고 있다.

4) 비판과 수정의 힘

프랑스에 2년 정도 거주 후 나는 미국으로 갔다. 나는 위스콘신주의 한 작은 사립 고등학교에 진학했고, 미국의 교육 시스템에 입문하게 되었다.

내가 다닌 고등학교는 그 동네에서 가장 대학을 잘 보내는 학교로 유명했다. WASP(White Anglo-Saxon Protestant: 미국의 백인, 개신교 문화를 가진 이들로 초기 미국 상류사회의 주를 이루는 집단을 일컬음)가 주를 이루는, 한 학년이 100명 남짓 되는 작은 규모였지만, 반 이상이 미국 주립대학 50위 이상에 진학하는 학교였다.

그 명성에 맞게 학교 커리큘럼도 꽤나 잘 짜여 있었는데, 제2외국어, 발표 기술, 글로벌 문화 교양, 종교 등 상당히 다양한 필수교양을 들어야 했다. 그중에서 내가 특별히 어려웠던 수업은 영문학 수업이었는데, 외국인 학생이라고 해서 따로 영문학 수업이 있다거나, ESL(English as a Second Language) 같은 보충 수업이 존재하지 않았기 때문에 나에게는 열심히 해도 항상 따라잡기 어려운 수업이었다. 어떻게 해서든 영어 문제를 극복해야 했던 나는 첫 수업 후 선생님을 찾아갔는데, 그때 알게 된 제도가 바로 라이팅 센터(writing center)였다.

처음에는 이 라이팅 센터의 개념을 잘 이해하지 못해서 자주 사용하지 않았는데, 대학 진학 후에도 박사 진학 후에도 계속해서 이 제도를 만나게 되면서 이것이 미국 교육기관의 핵심 강점이라는 것을 발견하게 되었다. 라이팅 센터는 어떤 주제든 상관없이 학생들이 글을 써서 가지고 가면, 콘텐츠, 문법, 전체적인 로직, 톤 등을 교정해 주는 서비스이다. 고등학교 때 라이팅 센터에는 영문학을 전공한 교사가 상시 거주하며 학생들을 받아 주었고, 박사에 진학하자 영문학 박사를 하고 있는 학생들이 늘 대기하고 있었다.

한국에서는 어떤 과제를 써서 낼 때 보통 완성된 형태의 글을 써서 낸다. 한번 글을 쓰면 그것에 대한 점수를 받는 것이 일반적인데, 미국은 보통 두세 번의 수정 기회를 준다. 이것은 자신의 생각에 대하여 타인의 시각으로 비판해 보고, 의견을 받아 수정하여 더 완성도 있는 결과물을 만들어 가는 과정이다. 즉, 누구든 처음에 한 생각은 당연히 미완성이며, 반복적으로 다듬어 가야 한다는 철학이 그 아래에 깔려 있다.

협업에서 이런 '수정'의 힘을 믿으면, 생각하고 표현하는 방식이 많이 바뀐다. 무엇이든 완성된 형태로 표현해야 부끄럽지 않다는 생각 때문에 많은 좋은 생각의 가지들이 제거된다. 하지만 디자인 싱킹에서는 이러한 '제거된 가지'들이 진짜 창의적인 결과물을 낼 때가 많다. 이런 이유 때문에, 나는 디자인 싱킹을 시작할 때는 오늘 내는 아이디어들을 절대로 그대로 쓰지 않을 것이며, 수정에 수정을 거듭하여 완성할 것이라는 설명을 먼저 한다. 누구든지 정제되지 않은 아이디어를 낼 수 있는 환경이 제공된다면, 그곳에서의 디자인 싱킹은 혁신을 위한 아주 좋은 밭이 마련되었다고 할 수 있다.

5) 공통점은 창의적 발상을 위한 집단적 사고

내가 경험한 프랑스와 미국의 현지인 문화는 매우 달랐다. 마치 극과 극의 사람들이 사는 나라들 같다. 미국인은 매우 긍정적이고 자신만만하며, 모든 것에 대해 받아들일 준비가 되어 있다. 모든 아이디어는 당연히 처음에 완벽하지 않으며, 계속해서 수정해야 한다는 것을 모두가 암묵적으로 동의하고 있기 때문에 편하게 자신의 아이디어를 내뱉을 수 있고 또 내뱉어진 아이디어들에 대해 대부분 긍정적으로 반응한다. 반대로 프랑스인은 부정적이고 시니컬하며, 모든 것에 대해 반대할 준비가 되어 있다. 정말 오랫동안 고민하고 정제해서 이야기해도 모든 아이디어는 반대에 부딪히며 비판을 받는다. 이 두 나라는 정말 정반대의 사람들이 살고 있는 것 같다.

그러나 교육적인 부분에서 나는 명백히 존재하는 공통점을 발견했다. 각 나라의 차이는 있을지언정, 두 나라의 교육은 모두 '집단적 사고'의 힘을 인정한다. 즉, 무엇을 하건 혼자 생각하고 혼자 만들어 내는 것보다는, 여러 사람이 모여 서로 토론을 하든 비판을 하든 상호작용을 하면서 생각의 깊이가 만들어지고 좋은 아이디어가 나온다는 것을 인정하고 있는 것이다. 나는 이것이 디자인 싱킹에서 그냥 적용되는 말일 뿐만 아니라, 디자인 싱킹의 핵심이라 생각한다. 더 이상 한 명의 천재가 아닌, 여러 사람의 지성을 모아 혁신을 이루고자 한다면 그 누가 막을 수 있겠는가. 디자인 싱킹을 적용하면서 집단적 사고의 힘을 빌리고자 할 때에는, 두 나라에서 배운 스킬들이 도움이 될 수 있다. '수정'의 힘을 믿고 정제되지 않은 아이디어를 내놓는 것 그리고 앞 사람이 동의하더라도 반대 시나리오를 생각해 보고 토론해 보는 것이다.

파워 포즈: 생각과 몸은 하나다

1) 에이미 커디의 '척'이 가져온 결실

하버드대학교 경영대학원 교수인 에이미 커디(Amy Cuddy)는 열아홉 살에 아주 큰 교통사고를 당해 뇌의 일부가 손상되었다. 어린 시절부터 천재로 불렸던 그녀는 이 사고로 인해 IQ가 10% 이상 떨어졌고, 그녀의 대학 동기들이 걸리는 평균 시간의 두 배를 쓰며 대학을 겨우 졸업할 수 있었다.

졸업 후 그녀는 지도교수의 도움으로 프린스턴 대학원에 가게 되었는데, 대학원에 진학해서도 그녀는 자신이 있어서는 안 될 곳에 있는 것 같았다고 했다. 항상 똑똑한 학우들에게 둘러싸여 자신감을 모두 잃어버린 나머지 그녀는 어느 날 지도교수에게 전화해서 학교를 그만 다니고 싶다고 했다. 그런데 그녀의 지도교수는 예상외의 조언을 해 주었다. "넌 할 수 있어, 충분히 가능해."라는 위로와 격려 대신 "잘 못 따라가겠다면 잘 따라가는 '척'이라도 해 봐."라고 했던 것이다.

에이미는 이 조언을 받아들이고 5년간 대학원을 다니면서 사실은 소심하지만 토론에서는 열성적이고 외향적인 척, 속으로는 누군가 나를 비판할까 두려웠지만 겉으로는 자신의 생각에 대해서 당당한 척 그리고 사실은 이곳에 어울리지 않는다고 생각하지만 이 학교에 매우 어울리는 모범생인 척 열심히 가장하며 지냈다고 했다. 그랬더니 놀라운 일이 벌어졌다. 5년 후 그녀는 누구보다도 당당하고, 열정적이며, 많은 결과물을 내는 사람이 된 것이다.

그녀는 졸업 후 뉴저지주에서 가장 규모가 큰 럿거스대학교(Rutgers University)와 일리노이주의 명문 노스웨스턴대학교(Northwestern University), 켈로그 경영대학원(Kellogg School of Management)의 교수로 활동하며 젊은 여성 전문가로서 존경받으며 활동하게 되었다.

2) 자신 있는 신체 자세가 생각을 바꾼다

앞에서의 이야기는 미국에서 다양한 분야의 전문가들의 강연을 보여 주는 〈테드톡(TED Talk)〉에 나온 에이미 자신의 강의 내용이다. 당시 에이미는 하버드 경영대학 교수의 자리에 있었다.

이후 에이미는 '파워 포즈(power pose)'라는 주제로 논문과 책을 썼는데, 그 내용은 "자신 있는 신체 자세가 그 사람의 생각도 바꾼다."라는 것이었다. 여기서 자신 있는 신체 자세란, 동물들이 상대를 공격할 때 취하는 자세로, 요가에서도 나오는 자기효능감을 주는 자세(empowerment posture)를 이야기한다.

제2장 창의적 생각은 어떻게 나올까

즉, 어깨를 펴고 최대한 몸을 부풀린 자세이다. 그녀의 연구를 살펴보면, 이런 자세들은 실제로 몸의 테스토스테론 분비를 촉진함으로써 생각을 더 공격적으로 하고, 또 스트레스 호르몬인 코르티솔을 파괴한다고 한다. 반대로 어깨를 수그리거나 바닥을 보고 걷는 등의 소극적인 자세는 우리의 생각을 수축시키고 기분을 우울하게 만든다는 것이다.

나는 서울대학교 경영대학원에서 석사과정에 있었을 때 이 테드 강연을 보게 되었고, 이 파워 포즈 이론에 크게 흥미를 느껴 에이미 교수에게 바로 이메일을 보냈다.

"당신의 테드 강연을 보고 연락드립니다. 저도 파워 포즈 연구를 하고 싶어요. 하지만 한국에는 저를 도와줄 교수님이 없어요. 저의 멘토가 되어 주시겠어요?"

에이미 교수는 그때 당시 이 테드 방송으로 이미 유명인이었고, 또 새로운 책을 집필 중이었기 때문에 답변이 올 것이라고 크게 기대하지는 않았다. 하지만 예상외로 내가 이메일을 보낸 지 약 5분 후 답변이 왔다.

"스카이프(그때는 아직 줌 미팅이 발달하지 않았다.)로 얘기해 볼까요?"

나는 바로 수락했고, 우리는 그 이후 세 번 정도의 미팅을 하며 파워 포즈 연구를 진행했다. 나는 그녀의 조언을 통해 파워 포즈의 후속 연구를 진행하였고, 대신 그녀가 진행하는 새로운 실험의 참가자가 되기로 했다. 그 결과, 나에 대한 인터뷰 내용은 그녀의 책인 『프레즌스(Presence)』(이경식 역, 알에이치코리아, 2016)에도 일부 들어가게 되었다.

3) 안티 파워 포즈에 창의성이 숨어 있다

에이미는 경영대학 교수였지만, 사실상 그녀의 연구는 침을 통한 호르몬을 분석하였기에 신경심리학을 융합한 분야였다. 하지만 내가 관심 있던 것은 이런 화학적인 반응보다는 창의력 쪽에 있었다. 나는 그녀가 말하는 이 파워 포즈가 존재한다면, 안티-파워 포즈(low-power posture), 즉 소극적인 자세가 창의력에도 영향을 주는지에 대한 연구를 진행했다.

나는 대학생들이 수그린 자세로 시험을 볼 수밖에 없는 책상을 만들고, 이런 책상에서 IQ 검사, 자기효능감 검사, 삶의 만족도 그리고 창의력 테스트 등을 보게 했다. 약 80명의 대학생들을 대상으로 실험한 결과, 수그린 자세로 시험을 본 학생들이 그렇지 않고 평범하게 앉아서 시험을 본 학생들보다 더 낮은 창의성을 보였다. 그중에서 주목할 점은, 이들의 IQ가 큰 차이가 없었는데도 불구하고 수그린 자세로 시험을 본 학생들은 창의력, 특히 그중에서도 '도전적인 자세'에서 낮은 점수를 받았다는 것이다. 이것은 신체적인 자세가 실제로 생각에 영향을 미칠 수 있다는 증거이며, 그중에서도 '태도'에 영향을 미칠 수 있다는 이야기다.

제2장 창의적 생각은 어떻게 나올까

나는 이 연구 결과를 에이미 교수에게 전달했고, 이후 유럽의 한 국제 학회에서 「자세가 스트레스와 자존감에 미치는 영향: 수그린 자세와 중립 자세 비교(The Effect of Posture on Stress and Self-Esteem: Comparing Contractive and Neutral Postures)」(Kwon & Kim, 2015)라는 제목으로 발표하며 연구를 마무리 지었다.

4) 공격적인 창의성

에이미 교수의 파워 포즈 이론은 사실상 논란이 많은 연구이다. 한때 융합연구 분야에서 많은 영향을 끼치고, 전 세계의 수많은 연구자들이 이 파워 포즈 효과를 연구하였지만, 독일에서 실제로 더 많은 모수 집단으로 연구한 결과, 파워 포즈 효과가 호르몬에 아무런 영향을 끼치지 않는 것으로 나왔기 때문이다. 똑같이 설계된 연구를 했는데도 같은 결과가 다시 나오지 않는다는 것은 이론의 생존에 있어서는 치명적이다. 따라서 나는 이 결과에 대해서는 수긍하는 바이지만, 그렇다고 파워 포즈의 존재를 부정하진 않는다. 수많은 운동과 명상을 통해 가슴을 펴고 호흡을 하는 자세들이 마음을 진정시키고 자신감을 주는 것은 개인적으로도 많이 경험해 봤기 때문이다. 그 외에도 어릴 적부터 가던 수련회, 극기훈련, MT 등에서도 우리는 항상 함께 신체적 노동을 해내고 또 극복하는 과정에서 사기가 오르고 자신감이 생기는 것 또한 많이 경험해 왔다. 즉, 어려움을 극복해보는 신체적인 경험이 나의 생각 역시 확장시키고, 또 무엇이든 할 수 있다는 공격적인 태도로 바꿔 준다는 것은 부정할 수 없다.

그 결과, 창의성을 극대화시켜야 하는 디자인 싱킹에서도 이러한 신체적 효과를 이용하는 것은 너무나 당연하다. 바닥을 볼수밖에 없는 정형화된 책상에서 벗어나, 고개와 팔을 들어 멀리봐야 하는 큰 칠판, 그리고 열심히 움직이며 큰 소리로 얘기할수밖에 없는 넓은 공간을 만들어 주는 것은 참여자의 적극적인참여를 촉진한다. 특히 나는 일어나서 빠르게 포스트잇을 붙여야 하는 시간, 사람 크기만한 그림을 그려 보는 시간, 그리고 일어나 돌아다니면서 사람들과 자신의 아이디어를 나누는 시간등을 워크숍에 꼭 포함시킨다. 이런 작은 파워 포즈들은 긴장을풀어 주고, 또 참여자들이 공격적으로 아이디어를 나누도록 격려하며, 더 나아가 창의적인 생각이 나오도록 도와줄 수 있다.

6
생각하기 전에 행동하기

1) 집단을 중요시하는 사회

나는 초등학생 시절, 해외에서 지내다가 귀국한 지 얼마 되

제2장 창의적 생각은 어떻게 나올까

지 않아 집 앞에 있는 학원을 다녔었다. 그때 당시 미국과 영국에서는 스파이스 걸스(Spice Girls)라는 5인조 여성 그룹이 최고의 전성기를 누리고 있었는데, 나 역시 그들의 팬이었다. 나는 미국에서 하던 대로 학원에 갈 때마다 스파이스 걸스의 멤버가 신는 번쩍이는 핑크색 통굽 샌들을 신고 다니곤 했는데, 아마도 내가 그때 당시 가장 애장하던 물건이 아니었나 싶다.

그런데 학원을 나간 지 한 달 정도 된 어느 날, 같은 반에 있던 중학생 언니가 나를 조용히 화장실로 불렀다. 그 언니는 나를 매우 걱정한다는 듯이 내가 그 학원에서 얼마나 튀는지, 그리고 다른 또래 친구들이 뒤에서 얼마나 나의 패션 감각에 대해 부정적으로 판단하는지 조곤조곤 알려 주었다. 나는 그날 집에 돌아오자마자 그렇게도 좋아했던 핑크색 통굽 샌들을 쓰레기통에 버렸는데, 속이 상했다거나 그런 이유보다는, 그때서야 '사회 속의 나'를 인식하기 시작했고, 이 사회에서 튀는 사람이 아닌 한 일원으로 인정받고 싶다는 욕구를 깨달았기 때문이었던 것 같다.

지금 생각해 보면 이런 해프닝은 미국이나 프랑스에서는 생각할 수도 없는 일이었던 것 같다. 예를 들어, 미국에서는 오히려 사회적 통념에서 벗어난 개인 취향에 도전하는 사람이 있다면, 관심을 가지고 응원하며 동참하기까지 한다. 그런데 이상하게도 한국에서는 취향을 바꾸는 것이 더 쉽게 여겨진다.

이런 현상은 성인이 된 후에도 계속되었는데, 특히 조직생활을 하면서 가장 많이 목격했다. 예를 들어, 단체로 커피나 식사를 시킬 때는 최대한 방해되지 않게 남들과 비슷한 것을 시키는 것을 본 적이 있다. 이것은 튀는 것도 튀는 것이지만, 나의 현재 욕구보다 집단의 편함을 중요시하는 배려의 문화라고도 생각한다(물론, 반대로 했다가는 이기주의자로 욕먹는 것이 싫어서 집단의 의견을 따르는 경향도 있다).

2) 창의력은 개인화

이런 배려의 문화가 나쁘다고 생각하지는 않는다. 집단을 중요시하는 문화 덕분에 해결되는 일도 참 많다. 하지만 개개인의 숨은 창의력을 끌어내야 할 때는 이런 문화가 최고의 적이 된다. 자신의 아이디어를 얘기하기보다는 집단에서 '받아들일 만한' 말을 하는 사람이 많다는 것이다.

특히 앞에서 얘기한 우스꽝스러운 아이디어(Silly Idea)를 눈치 보지 않고 낼 수 있어야 하는데, 워크숍을 진행하다 보면 이것이 어려울 때가 참 많다. 자신의 생각을 공유했다가 자신이 얼마나 이상한 사람인지 알려지거나, 혹은 자신의 아이디어가 실무 강도를 높인다면 집단에 피해가 간다고 생각하기 때문에 말하기를 꺼려 한다. 또한 퍼실리테이터의 룰보다 집단의 흐름을 더 따르는 경우가 많은데, 예를 들어 자기 아이디어를 그림으로 그리는 액티비티를 시작하는데 한두 사람이 그림은 안 그

제2장 창의적 생각은 어떻게 나올까

리고 말로 설명하기 시작하면, 누가 가르쳐 준 것도 아닌데 갑자기 모두가 말로 설명한다.

상황이 이렇다 보니, 창의적인 생각을 여러 방면으로 발산해야 하는 상황에서는 스스로 제한하는 집단이 여간 난감한 것이 아니다. 주제를 주면 한 방향으로 가기 일쑤이고, 발산은커녕 계속해서 한두 가지 아이디어로 점점 수렴되다가 결국 모두가 동의할 만한 안정적인 아이디어에 급하게 확신을 가지게 된다. 서양문화권에서는 이러한 유교적 문화가 다름을 넘어서 위험할 수 있다고까지 이야기한다. 이러한 의견은 문화 차이를 다루는 학계에서 대두되어 오다가 특히 2013년, 샌프란시스코 공항 아시아나 비행기 214사건으로 인해 언론에서 깊게 다루어졌다. 먼저 이 사건은 2013년 7월 6일 미국 샌프란시스코 공항(SFO)에 착륙하던 아시아나 비행기가 너무 낮은 고도로 접근하면서 활주로와 충돌한 사고이다. 이 충돌로 인해 기체는 회전하면서 기체의 꼬리 날개 부분이 떨어져 나갔고, 화재가 발생했다. 이 사고로 두 명의 십대 승객을 포함한 3명이 사망하였고 180명 이상의 승객이 부상을 입었다.

해외 언론에서는 이 사건을 다루면서 2008년 베스트셀러였던 『아웃라이어』의 저자인 말콤 글래드웰이 했던 이야기를 자주 함께 거론했는데, 글래드웰에 따르면 1980년대부터 1990년대까지 비행기 사고 사건들을 보면 한국의 대한항공이 눈에 띄게 많은 사고가 났다고 했다. 여기에서 그는, "한국의 수직적인 문화에서는 상사 혹은 연장자를 대상으로 반박하는 것이 어렵다."라는 점을 지적하면서, 이런 특정 문화가 비행기 조종석에서는 실수를 유발할 가능성이 높다고 주장했다. 즉, 두 명이 한 팀이 되어 복잡한 업무를 해 나가야 하는 비행기 조종석에서, 한 사람이 옆에 앉은 상사 혹은 연장자에게 "지금 뭔가 잘못됐다."라는 말을 하기가 어려운 문화에서는 사고가 일어날 확률이 더 높다는 것이다(Gladwell, 2008). 비슷한 일이 1990년 뉴욕 롱아일랜드에서도 일어났는데, 이는 한국과 문화가 비슷한 콜럼비아의 아비앙카 비행기(Avianca Flight 52)가 연료 부족으로 추락하면서 73명의 승객이 사망하는 사건이었다. 여기에서 글래드웰은 콜럼비아의 조종사들이 관제탑에 연료가 부족하다는 상황을 말하며 먼저 착륙하게끔 요청할 수 있었음에도, 권위자(관제탑)의 통제에 도전하는 것이 불편한 문화에서 왔기 때문에 조용히 있는 것을 택했고, 그 결과 추락했다고 말했다.

물론 워크숍을 하면서 의견을 내지 않는다고 누가 사망하거나 사고가 일어나지는 않을 것이다. 하지만 현재 조직의 문제가 있는 것이 자명한데도 모두가 눈치만 보며 다른 사람의 의견을 앵무새처럼 반복하거나, 새로운 아이디어가 나오지 않는 고립상태로 들어간다면 그 조직은 침몰하는 배가 될 수도 있다. 특히 디자인 싱킹 워크숍의 특성상, 상사나 고령자와 함께할 가능성이 높다. 이 때문에 자칫 불편한 느낌을 피하려고만 하다 보면 결국 의견은 한 방향으로 쏠리게 되거나, 더 좋은 아이디어가 나오기 전에 한 가지 아이디어에 고립되어 버리는 상황이 생길 수 있다. 이런 현상을 타파하기 위해 내가 가장 많이 쓰는 방법을 소개하자면, '생각하기 전에 행동하기'이다.

3) 생각 좀 그만하기

우리는 어렸을 때부터 "생각 좀 하고 행동해라."라는 말을 참 많이 들으면서 자라 왔다. "결과에 대해 생각 없이 행동하다가 다치거나 실수할 수 있기 때문에 신중하게 행동하라."는 좋은 뜻으로 많이 사용되었을 것이다. 문제는, 우리 대부분 생각이 '너무' 많다는 것이다. 좋은 결과를 위해 필요한 생각 외에도 다른 이들의 생각이 모두 머릿속에 들어와 무엇이 '좋은 생각'인지 판단하기 어렵게 뒤죽박죽이 되어 버린다. 이런 많은 양의 생각은 아이디어를 낼 때 가장 큰 방해 요소가 된다. 떠오르는 대로 아이디어를 밖으로 꺼내야 하는데, 주변에서 어떻게 생각할지, 이 아이디어가 무슨 다른 부작용을 낳을지 생각하느라 꺼내지를 못한다. 이렇게 아이디어의 표현을 억압하다 보면 나중에는 더 이상 생각이 떠오르지도 않는다. 남는 것은 눈치 보기와 부정적인 생각들뿐이다.

그 결과, 창의적인 생각을 위해서 나는 '생각하기 전에 행동하라.'라는 개념을 먼저 소개한다. 많은 세월 동안 생각하고 행동하던 나를 잠시 벗어나서 생각이 더 떠오르기 전에 표현하는 것을 해 보는 것이다. 예를 들어, 어떤 아이디어가 생각난다면 이 아이디어의 부작용이나 사회통념에 대해 생각하기 전에 먼저 아이디어가 무엇인지 말해 본다. 이것이 쉽지 않은 사람은 3초를 세면 된다. 어떤 생각이 나면 속으로 3초를 세는데, 이 3초가 끝나기 전에 이미 아이디어를 표현하고 있으면 성공이다. 표현 방법은 말일 수도 있고, 글이나 그림 혹은 몸으로 표현하는 것도 가능하다. 즉, 떠오르는 아이디어를 3초 이내에 밖으로 꺼내 놓으면 된다. 이것이 바로 창의적인 생각들이 정제되지 않고 세상에 나올 수 있는 지름길이다.

이에 덧붙여 심리학에는 떠벌림 효과(Profess effect)라는 것이 있다. 떠벌림 효과는 어떤 사람이 자신이 원하는 목표나 하려고 하는 일을 주변에 떠벌림으로써 그것을 들은 사람들의 지원과 응원을 받아 결국 그 목표에 달성하게 되는 현상을 의미한다. 이 사람은 공개적으로 자신의 결심과 목표를 여러 사람과 공유함으로써 이것을 꼭 지켜 내겠다는 책임감을 갖게 되고, 하지 못했을 때의 부끄러움 등이 가중되게 된다. 결국 실행력이 높아져 생각보다 수월하게 목표를 성취할 수 있게 된다. 이것은 마치 보는 이의 기대가 높을수록 기대를 받는 사람이 실제로 더 좋은 성과를 낸다는 '피그말리온 효과'를 스스로가 만들어 내는 것과 비슷한데, 예를 들어 개인이 담배를 끊겠다고 모두에게 말하고 끊을 때 더 잘 끊어진다든가, 회사가 매출 목표액을 공공연하게 선포했을 때 이것을 더 잘 이룬다든가 하는 효과이다.

스스로에게 선포하든, 주위에 공표하든, 아이디어가 떠오르면 내놓는 연습이 필요하다. 이 아이디어가 어떻게 보일지 또는 탁월한 아이디어일지 고민하지 말고 일단 떠벌려 보자. 밖으로 꺼내어진 아이디어는 당신의 소유가 될 것이다.

4) 행동이 정의하는 삶

나는 앞에서 설명한 '생각하기 전에 행동하기: 3초 법칙'을 대기업 S에 입사할 당시 많은 대중 앞에서 강연한 적이 있다. 이 아이디어는 약 300개 이상의 강연 중 가장 높은 상인 최우수상을 받았다. 아마도 큰 기업의 조직생활에서 정말 필요한 이야기라 좋은 점수를 받지 않았을까 생각한다.

생각하기 전에 행동하는 것은 아이디어를 내는 것 외에도 '나'라는 사람을 정의하는 데 도움이 된다. 나 자신을 '필요한 사람'으로 정의하고, 그에 맞는 행동을 '생각하기 전'에 실천한다면 당신은 자신이 정의한 그 사람이 될 수 있을 것이다.

예를 들어, 나는 나 자신을 '환경을 생각하는 사람'으로 정의하고 '쓰레기는 보면 줍는다.'라는 것을 입력해 둔다. 이렇게 하고는, 길에서 쓰레기를 보는 순간 속으로 3초를 세는데, 1······ 2······ 3······이 끝나기 전에 이미 내 손은 쓰레기를 줍고 있는 것이다. 나 스스로를 '주변에 생기를 불어 주는 친절한 사람'으로 정의한다면, 3초가 끝나기 전에 인정하는 말을 해 주고 격려해 주는 말을 할 수도 있다. 새벽형 인간으로 거듭나는 데에도 이 법칙은 도움이 된다. 스스로를 '새벽형 인간'으로 정의하고는, 새벽에 알람이 울리면 '5분만 더 자야지.'라는 생각을 하기 전에 몸부터 일어나는 것이다. 이 역시도 1, 2, 3을 세면서 3이 끝나기 전에 몸이 먼저 일어나면 된다.

생각이 필요한 곳에서는 생각을 하지만, 내가 누군가의 시선을 신경 쓰느라 못하거나 아니면 걱정이 너무 많아 못하는 일이 있다면, 먼저 내가 원하는 나를 정의하고 행동으로 실천해 보라. 그 행동들이 모여 나를 내가 원하는 사람으로 정의하는 날이 올 것이다.

제3장

디자인 싱킹 속 시너지를 내기 위한 준비

버클리 팀 빌딩 기술: T자형 팀 만들기

1) I자형 인재: 한 우물을 파는 것이 중요했던 시대

내가 중·고등학생이었던 1990년대에는 무엇이든지 한 우물을 파는 것이 중요했다. 즉, 무엇을 하든지 특정 분야에서 최고 전문가가 되어 모든 지식과 노하우를 가지는 것이 목표인 시대였다. 회사에 들어가도 한 가지 직무를 진득하게 하여 결국 그 직무에 통달하는 사람이 전문가로 비추어졌다. 특히 나처럼 일찍이 진로를 미술로 결정하여 예중과 예고에 진학한 경우라면 더더욱 그러했다. 디자인 전공이라면 결국 미대에 진학하여 디자이너가 되는 것이다. 그중에서도 그래픽 디자이너라면 그래픽디자인으로, 순수화가라면 순수화가로, 그 상세 트랙까지 미리 결정하여 빨리 전문가가 되는 것이 좋다고 배웠다. 대학 진학에도 '영어만 정말 잘하면' 혹은 '수학만 정말 잘하면' 되는 전형들이 열려 있었다.

이것은 아무리 힘들어도 자기 분야에 성실하게 임했던 우리의 부모 세대가 경제적으로 성공한 세대로 판단되었기 때문이 아닐까 생각한다. 그러다 보니 전과나 이직에 대한 부정적인 관점이 많았던 것 같다. 전과나 이직은 자신이 처음에 선택한 전공이 맞지 않거나 무엇인가 문제가 있는 경우 선택하는 것으로 비추어졌다. 이 시대는 또한 주입식 교육이 잘 먹히는 시대였다. 한 분야에 집중하여 지식과 노하우를 들이부으면 그 사람은 전문가가 될 수 있었다.

하지만 밀레니엄에 들어오면서 이런 시각이 조금씩 바뀌기 시작했다. 구글이나 아마존(Amazon) 같은 대형 혁신기업들의 폭풍 성장으로, 이제는 어떤 일을 하더라도 새로운 것을 창출해 내는 능력이 중요해지기 시작했다. 이제는 한 가지 분야에 전문성이 있으면서도 더 폭넓은 소통과 협업이 필요하게 되었다. 한 우물만 파는 I자형 인재에서 다양성과 전문성을 모두 갖춘 T자형 인재의 시대로 전환되는 시점이었다. 이때 나는 해외로 나가게 되었는데, 미국의 대학 입학을 준비하면서 교육 시스템 속의 이런 현상을 어렴풋이 경험하게 되었다. 즉, 한 가지에만 집중하는 것만으로는 되지 않는 대학 준비 과정이 있었던 것이다.

2) T자형 인재: 다양한 역량을 요구받았던 미국 대학교

한국에서 나는 조금 빠르게 입시를 경험했다. 초등학교에서 예중에 입학할 때는 실기 시험을 준비했고, 예중에서 예고로 올라갈 때는 수능처럼 전 과목을 한 번의 시험으로 보는 비교 내신이라는 시험과 함께 모두가 같은 정물을 보고 그리는 실기

제3장 디자인 싱킹 속 시너지를 내기 위한 준비

를 준비했다. 이 모든 시험은 일방적인 주입식 교육으로 성공이 가능한 체계였다. 예중과 예고를 잘 보내는 학원을 찾아가서 그 노하우를 배우고, 비교내신에 잘 나오는 내용들을 족집게처럼 알려 주는 교사를 구하여 준비했다. 나는 주입식 교육이 매우 잘 맞는 사람이었다. 시키는 대로 잘 따라 했고, 입시 과정은 그저 '답을 알고 있는' 상태로 그 답을 어디까지 외워 갈 수 있느냐의 문제였다.

하지만 미국으로 오니 이런 정도의 준비로는 대학에 갈 수가 없었다. 학교마다 요구하는 인재상이 너무나 달랐고, 미술 전공으로 가는 데도 음악이나 역사, 체육, 봉사 등 교양 분야를 모두 전공처럼 준비해야 했다. 여기에 논리력과 글쓰기 능력까지 보여 주는 SOP(Statement of Purpose)까지 써야 했다. SOP는 미국 대학 시험인 SAT와 더불어 가장 중요한 지원 서류에 해당한다. 이 SOP에는 나의 성격, 배경, 문제해결력, 주변인들과의 관계, 논리력, 성실성 등이 모두 드러나는 사건이나 스토리에 대하여 쓰는 것이 일반적이다(학교마다 주제를 다르게 줄 수 있다).

그러다 보니 몇 달 주입식 교육으로는 만들어지기 어려웠다(물론 이런 SOP도 정답이 있는 것처럼 만들어 주는 유학원들이 있긴 하다). 실제로 아이비리그에 진학한 친구들을 보면, 공학계열이라도 몇 년간 음악 콩쿠르에 나가고, 주니어 리그에서 선수로 뛸 정도로 탄탄한 체육 배경이 있고, 학교 밖 봉사 등을 모두 준비한 친구들이었다.

대학에 진학한 후에도 이런 다양한 공부는 계속되었는데, 특히 내가 다니던 컬럼비아대학교는 필수교양이 13개로, 나는 심리학 전공이었는데도 불구하고 음악사, 미술사, 환경공학 등을 모두 들어야 했다. 이런 수업들을 들을 때는 잘 이해가 되지 않았다. 취업 준비만 해도 시간이 모자란데, 어디에 쓰일지 모르는 음악사를 듣고, 그 과제로 티켓을 구하기도 힘든 랑랑(Lang Lang)의 연주회를 찾아다녀야 했기 때문이다.

3) I자형 인재는 저물고 T자형 인재가 온다

하지만 졸업 후 이런 다양한 분야의 경험이 통찰력에 얼마나 도움이 되는지 알게 되었다. 실제로 조직에 들어가 보니, 특정 분야의 전문성은 배울 수 있는 기회가 많았다. 계속해서 경험이 쌓이기 때문이다. 하지만 이런 여러 분야에 대한 상식, 논리, 통찰은 내가 찾아서 따로 습득해야 하는 것이었다. 고객을 만나 잡담을 하는 법, 상사에게 내 의견을 전달하는 법, 처음 보는 문제를 해결하는 법 등 전문적인 지식만 가지고는 해결할 수 없는 일들 투성이었다.

이제는 이런 폭넓은 지식과 경험이 얼마나 중요한지 잘 아는 시대가 되었다. 외교관은 매끄러운 대화를 위해 와인에 대해 공부하고, 사업가는 골프를 친다. 쇼핑몰 CEO는 인스타그램(Instagram)을 통달해야 하고, 마케터는 전 세계를 여행하며 문

제3장 디자인 싱킹 속 시너지를 내기 위한 준비

화를 경험하는 것이 도움이 된다. 이직은 더 이상 나의 전문성에 대한 부정이 아니라, 다양성을 겸비한 인재의 발판이 되고 있다. 심지어 실리콘밸리에서는 3년 이상 한 회사에서 일하는 것을 지양하라고 할 정도이다.

I자형 인재의 시대가 끝나고 T자형 인재가 중요해질 것이라는 말은 내가 대학 때부터 계속 듣던 말이다. 하지만 대학은 계속해서 I자형 인재를 키워 내고 있고, 기업 채용에서도 특정 기술을 중심으로 공고를 내고 있기 때문에, 우리나라에서는 이런 변화가 잘 감지되지 않았다. 아이러니하게도, 현장에서는 T자형 인재에 대한 요구가 대단하다. 개발을 하지만 디자인과 기획도 할 수 있는 사람, 연구 인력이지만 조직 문화를 이끌고 창의적인 아이디어를 끌어낼 수 있는 사람, 생산/제조 직무를 하지만 상품을 제대로 이해하고 혁신을 이끌어 내는 피드백을 줄 수 있는 사람을 요구한다. 우리는 이렇게 전문성 말고도 윤리와 팀워크, 의사소통 능력 그리고 통찰력을 모두 갖춘 T자형 인재가 성공하는 시대에 살고 있다.

4) 시너지가 무한대로 확장 가능한 T자형 팀 빌딩

T자형 인재에 대한 수요가 많아지면서 요즘은 끊임없이 자신의 지식과 경험을 넓혀 나가는 A자형 인재, 한 분야의 전문가이면서 두세 분야에도 준전문가 정도의 전문성을 가진 F자형

인재 등 다양한 인재상이 소개되고 있다. 하지만 모두 그 정의가 크게 다르지는 않다. 결국 한 분야의 전문성이 아닌 여러 분야의 집합체가 문제해결에 더 중요하다는 내용이다. 그런데 이제 기업은, T자형 인재를 넘어 T자형 인재들이 결합되어 시너지를 일으키는, T자형 팀 빌딩을 요구하고 있다. 내가 경험했던 T자형 팀 빌딩의 사례가 있어 소개하려 한다.

2018년도에 나는 미국 캘리포니아주 버클리대학교 기계공학과의 자율주행자동차 연구실에 방문연구자로 근무한 적이 있다. 아주 잠시였지만, 매주 연구실 사람들과 회의에 참여하고 앞으로 나올 자율주행자동차 경험에 대한 아이디어를 나누었는데, 그곳에서 처음 T자형 팀을 경험했다. 이 연구실은 두 명의 대표 교수가 매해 연구에 참여할 학생들을 뽑아 프로젝트를 진행했는데, 내가 있던 2018년도 당시에는 학생들이 약 12명 정도 되었다. 학교 연구실이야 학부 때부터 쉬지 않고 참여해왔으나, 이 연구실은 나에게는 조금 낯설었다. 보통 한 연구실에는 비슷한 전공의 학생들이 지원하는 반면, 버클리 팀은 학생들이 다 다른 학과였다. 예를 들어, 경제학, 수학, 제품디자인, 전기공학, 기계공학, 경영학 등 같은 전공을 찾기 어려울 정도였다.

이 학생들은 모두 각각의 전공 분야를 가지고, 자율주행자동차의 미래 모습을 그려 보고자 다 같이 모였다. 이렇게 만들어진 팀은 정말 다방면으로 아이디어를 냈는데, 결과적으로는 매우 구체적이고 현실적인 자율주행자동차의 기술과 그 사용방법 그리고 사회적용 방법까지 계획할 수 있었다. 매주 있던 회의에는 실제로 벤츠나 르노 같은 자동차 회사의 기획자까지 참여하여 피드백을 주곤 했는데, 나에게는 이것이 학교보다는 스타트업 같은 작은 규모의 회사처럼 느껴졌다.

이 팀에서 3개월 정도 일한 후 나는 내가 본래 몸담고 있던 미네소타 주립대학교로 돌아왔는데, 같은 전공의 연구자들과 하는 미팅이 이제는 조금 지루하게 느껴졌다. 디자인공학 학생들만 모여 있으니, 새로운 제품에 대한 논의를 해도 계속 디자인에 대한 내용에서 끝나는 느낌이었다. 만약 우리 연구실에 사회학 전공이나 경영 전공이 있었다면, 우리가 논의하는 디자인의 사회적 영향이나, 더 장기적인 방향성에 대해서 얘기할 수 있을 것 같다는 생각이 들었다. 이런 느낌은 조직에 들어가서도 계속되었는데, 이것이 '안전한' 회의 결과를 낼 수는 있지만, 논의하는 내용 이상의 창의와 혁신성에는 많은 아쉬움이 남았다.

그 결과, 창의적인 협업을 위한 디자인 싱킹에서 T자형 팀 빌딩을 시작하게 되었다. 나는 특히 소규모 팀 구성에서 의도적으로 다른 전문성을 가진 참여자들을 한 팀에 넣으려고 노력한다. 이것은 그저 전공만을 얘기하는 것이 아니라, 팀을 최대한 여러 가지 방면에서 다양하게 만들기 위해 참여자를 제대로 공부하고 섞어야 한다는 것이다. 예를 들어, 전공 외에도 나이, 성별, 경력, 업무 종류나 강도 등이 모두 적절히 섞이면 좋다.

단 몇 분, 몇 시간이라도 자신의 안전한 바운더리에서 나와 완전히 다른 시각을 들어 보고 발산해 보는 시간을 가지는 것이다. 이러한 T자형 팀 빌딩은 생각보다 많은 시너지를 낸다. 서로 쓰는 단어가 다를 때도 있고, 참여자들이 당연하게 생각했던 것들이 무너질 때도 있다. 결국 근본적인 문제를 들여다보는 데에 도움이 되고, 또 다양한 방법으로 문제를 해결하는 데에도 촉진제가 된다. 당신이 만약 디자인 싱킹을 주최한다면, T자형 팀을 만들어 보라. 깜짝 놀랄 만한 양과 질의 아이디어를 얻을 수 있을 것이다.

2

인정에 목마른 사람들

1) 상 주기 대회

어릴 적 교회 수련회를 간 적이 있다. 여느 수련회와 같이 단체 게임을 하고, 운동회와 성경퀴즈, 모닥불 프로그램 등에 참여했던 기억이 있다. 나는 어릴 때부터 키가 작아 학교 반에서는 항상 1번이었고, 달리기 등 운동대회에서는 늘 꼴찌였다. 게다가 12월생이라 다른 아이들보다 늘 한 발짝 느렸는데, 학교에서는 공부를 따라가기는커녕 시간표를 지켜 교과서를 챙기는 것에도 어려움을 느꼈다. 이런 내가 희한하게 교회 수련회에서는 늘 상을 받아 왔는데, 나는 반이 올라갈수록 점점 더 교회 일을 잘하게 돼서 나중에는 전도사님 못지않게 많은 일을 도맡아 하게 되었다. 대학교 때는 일주일에 6일을 교회에서 지내며 봉사를 했는데, 이 열정은 결국 신학대학교에서 성서 역사 교육을 받기에 이르렀다.

지금 생각해 보면 그 상은 모두에게 주는 상이었다. 성경퀴즈를 잘 푼 아이에게는 성경퀴즈상을 주지만, 잘 풀지 못한 아이에게도 참여상을 주었다. 잘 웃는 아이에게는 기쁨상을 주었고, 친구들에게 베풀면 착한 아이 상을 주기도 했다. 그야말로 상 주기 대회였던 것이다. 하지만 이런 상들이 모여 나의 이후 10년에 얼마나 많은 영향을 주었는지 생각해 보면, 이런 작은 인정이 얼마나 큰 영향을 주는지 알 수 있다. 밖에서는 늘 꼴찌에 하나씩 모자랐던 내가, 이 공동체에 오면 잘하는 것이 생기고, 그것에 대한 인정을 받는다. 결국 인정받은 그 부분을 더 강화시키기 위해더 열심히 참여하고 또 그 분야의 능력을 키우게 되었다.

2) 긍정적인 피드백이 생각을 확장한다

인정을 싫어하는 사람은 없을 것이다. 누구든지 타인의 입으로 나의 장점을 들으면, 기분이 좋아지는 것을 넘어서서 나의 존재 가치에 대한 확인이 된다. 세상에 쓸모없는 사람으로 살고 싶은 사람이 어디 있겠는가. 이것은 기독교뿐만 아니라 많은 종교가 가진 '사람을 끌어당기는 힘'이다.

디자인 싱킹에서는 이러한 인정이 매우 중요하다. 창의적인 생각은 '몰입'에서 나오는데, 이러한 몰입은 사람을 끌어당기는 힘으로 시작하기 때문이다. 이 때문에 많은 디자인 싱킹 워크숍들은 규칙을 가지고 시작하는데, 바로 '공격하지 않기'이다. 다른 사람의 의견이 아무리 우스꽝스럽고 말도 안 되는 이야기일지라도, 우리는 몰입을 위해 절대 타인의 생각을 공격하지 않아야 한다. 내가 아는 한 디자인 싱킹 퍼실리테이터는 모든 워크숍 전에 'yes, and'라는 규칙을 주는데, 이것은 결국 다른 이들의 말에는 무조건 인정하는 말인 "yes"라고 한 후, 덧붙일 생각이 있다면 "and"로 붙이라는 뜻이다. 'yes, and'는 사실 미국의 정규교육에서 자주 등장하는 규칙이다. 타인의 생각을 비판하고 분석하며 자신의 의견을 논리 있게 말하는 것을 중요시하는 미국의 정규교육에서는 초등학교부터 이러한 문화를 가르친다. 나와 다른 생각을 가진 이에게 바로 달려들어 "아니. 너는 틀렸어."라고 하기보다는 "나는 네가 말한 그 부분에 있어서는 동의해, 하지만……."으로 인정부터 시작하는 화법이다. 아무리 기계적이라도 이런 화법은 생각의 확장에도 도움이 되는데, 나와 다른 생각에서 인정할 부분은 찾아 인정한 다음에 다시 나의 의견으로 시선을 돌릴 수 있도록 머리를 짜내야 하기 때문에 논리를 세우고 말의 역량을 늘리는 데 큰 역할을 한다.

제3장 디자인 싱킹 속 시너지를 내기 위한 준비

3) 공감과 동정의 차이

이것은 곧 상대를 인정하고 공감한 후 자신의 의견을 말하는 것과 같다. 여기서 한 가지 주의할 점은 공감과 동정은 다르다는 것이다. 공감은 긍정적인 확장을 가져오지만, 동정은 부정적인 확장을 가져온다. '전심전력'에 대하여 10년 넘게 연구한 휴스턴대학교 브레네 브라운(Brene Brown) 교수는 그녀의 '취약성의 힘(Power of Vulnerability)' 강연에서 다음과 같은 이야기를 한다.

> 공감은 타인과의 관계에 기름을 넣어 주지만, 동정은 관계를 파하는 주범입니다. 예를 들어, 어떤 사람이 어두운 구멍에 갇혀 이렇게 소리 질렀습니다. "나 여기 갇혀 있어요! 너무 힘들어요." 여기서 공감은 "그래 내가 내려갈게. 너는 혼자가 아니야."라고 얘기합니다. 동정은 이렇게 얘기합니다. "아이고! 힘들구나. 샌드위치 줄까?(웃음)" 공감은 선택입니다. 타인과 연결되기 위해 내가 취약해지는 선택이죠. 반대로 동정은 늘 "적어도 이건 괜찮잖아."로 시작합니다
>
> –RSA Shorts 〈공감에 Brene 브라운〉, youtube 영상 중에서–

여기서 주의 깊게 볼 점은 바로 인정에 대한 화법이다. 우리가 누군가의 의견을 인정할 때는 긍정적으로 인정한 후 의견을 덧붙여야 생각이 확장된다. 하지만 우리는 누군가가 "이건 안

될 거야."라고 했을 때, "적어도 이건 되잖아."라며 동정의 언어로 자신의 의견을 피력하는 경우가 많다. 이것은 생각을 오히려 좁게 가두는 화법인데, '적어도'라는 단어는 문제가 있음을 알면서도 그것을 무시하고 다른 것에 시선을 돌리자는 이야기밖에 안 된다. 반대로, 누군가 "이건 안 될 거야."라고 했을 때 "그래. 네가 왜 그렇게 생각하는지 이해할 수 있어. 하지만 이 부분은 이렇게 해결하면 되지 않을까?"라는 화법으로 이야기를 끌어갈 수 있다면 생각이 발전되고 확장될 것이다.

4) 웃는 얼굴에 침 못 뱉는다

마지막으로 누구나 알지만 잘하지 못하는 것을 얘기해 볼까 한다. 바로 웃는 얼굴이다. 디자인 싱킹 워크숍을 진행하다 보면, 은근히 웃으며 이야기할 때 나의 의견이 가볍게 들리거나, 내가 우스운 사람으로 보일까 봐 두려워하는 이들이 많다. 무거운 문제를 들고 나왔기 때문에 디자인 싱킹을 할 때도 근엄한 표정으로 진지하게 이야기하려고 한다. 여느 업무 미팅과 같은 분위기에서 아이디어를 내려고 하는 것이다. 실제로 회사 안에서, 혹은 발표나 회의에서는 진지하고 근엄하게 이야기하는 것이 도움이 되는 경우가 많을 것이다. 하지만 이것이 디자인 싱킹에서도 같은 영향력을 행사한다고 생각하는 것은 큰 오산이다. 수평적이고 자유로운 의견 교환이 필수인 디자인 싱킹에서 근엄한 말투는 오히려 카리스마를 잃어버리게 만든다. 친구처럼 쉬운 언어로 편하게 이야기하는 것이 상대의 의견을 받아 내는 데 더 수월하다. 디자인 싱킹을 하는 공간에서는 말투보다 그 속의 내용이 카리스마의 원천이 된다. 어려운 말로 멋있게 누구나 아는 이야기를 하는 것이 몰입도를 떨어뜨리는 반면, 편하고 쉽게 처음 듣는 이야기를 하는 것이 훨씬 더 많은 몰입도와 에너지를 불러일으킨다. 이런 과정에서 웃는 얼굴은 필수다. 이것은 비웃으며 말하거나, 최대한 가볍게 이야기하라는 것이 아니다. 친근하고 재미있게 이야기하라는 말이다. 상대와의 의견이 맞지 않을 때에도 미소로 화답하라. 어린아이를 대하듯이 상대를 인정해 주고, 성인의 여유를 가지고 자신의 생각을 설명하라. 이런 태도가 또다시 상대가 나를 인정하고, 나의 의견을 받아드리는 데 한몫한다면, 참여자들 사이에서 긍정적인 시너지가 일어나는 것을 경험할 수 있을 것이다.

3
재미

1) 재미의 힘

게임 회사에서 인턴을 하던 어느 날 충격적인 이야기를 들었다. 당시 내가 속해 있던 팀의 게임에서 하나에 8만 원 정도 하는 캐릭터 수영복이 한 시간 만에 만 개가 팔렸다는 소식이었다. 출시된 수영복은 디지털 세계에만 존재하며, 어떤 특별한 디자인도 없는 그저 단순한 형태의 까만색 수영복이었다. 그런데 이 현실세계에서 아무 곳에도 쓸 곳이 없는, 심지어 게임 안에서도 크게 기능이 없는, 가상의 옷 쪼가리가 현실에서도 고민되는 가격인 8만 원에 출시되었고 만 명이나 되는 사용자들이 그것을 기다렸다가 구매한다는 것이다. 나는 이게 무슨 현상인가 하며 신기했다. 나중에 들었지만 그 게임은 동시접속자 수가 약 15만 명이었던 MMORPG(Massive Multiplayer Online Roll Playing Game)였는데, 사용자들이 너무 많은 현금을 쓰는 바람에 정부의 제재가 들어와서 하루에 '현질'을 할 수 있는 한도를 걸어야 할 정도였다. 그 이유는 여러 가지였지만, 일단 사용자의 가장 많은 연령층이 이미 경제적으로 안정적인 40대가 가장 많았고, 또한 MMORPG임에도 불구하고 각 퀘스트가 너무 짧고 콘텐츠가 부족하여 캐릭터의 옷을 바꿔 입는 것이 하나의 콘텐츠로 자리 잡았기 때문이었다. 즉, 게임의 '재미'를 위해 유저들이 얼마나 많은 돈을 낼 수 있는지, 그리고 얼마나 많은 시간을 투자할 수 있는지 알게 된다면 누구든 매우 놀랄 것이다.

재미는 이런 매력이 있다. 이성적이고 계산적인 생각을 넘어, 사람을 움직이는 힘이 있다는 것이다. 재미의 가치를 아주

제3장 디자인 싱킹 속 시너지를 내기 위한 준비

높게 평가하는 이들도 적지 않다. 앞에서 말한 게임의 유저 커뮤니티는 또한 특이한 문화를 가지고 있었는데, 바로 기존 사용자들이 많은 시간과 돈을 들여서 장착한 아이템들을 초보 사용자가 나타날 경우 아낌없이 내어 준다는 것이었다. 이러한 문화가 회사 입장에서는 상당히 많은 이익을 안겨 주었을 것이다. 그 결과, 나는 이런 문화를 타 게임 커뮤니티에 어떻게 퍼뜨릴 수 있을까 하는 목표를 가지고 인턴 프로젝트를 시작하게 되었다. 나의 목표는 이 게임의 사용자가 되어 약 2개월 동안 초보 게이머인 척 게임 커뮤니티에 잠입하여 아이템을 아낌없이 주는 기존 사용자들의 이유를 알아내는 것이었다.

나는 두 달간 게임의 만렙(MMORPG 게임에서 한 캐릭터에 기획된 퀘스트를 모두 완료한 레벨)을 여러 번 찍은 고수들의 커뮤니티에 가입하여 함께 활동했는데, 이 기간 동안 원화로 환산하면 약 100만 원 정도 되는 양의 아이템을 무료로 받았다. 잠입 리서치를 하면서 약 30명 정도 되는 유저들을 대상으로 두 달간 지속적인 교류 활동을 했고, 왜 그렇게 많은 돈을 게임에 쓰는지, 그리고 새로운 유저들에게 왜 이런 아이템들을 주는지 등을 반복적으로 물어보았다. 그 결과, 유저들이 가장 많이 언급한 단어로 '재미'가 나왔는데, 많은 이가 조금만 투자함으로써 재미를 극대화시키고, 이 재미를 신규 유저들도 느끼고 또 본인의 재미에 동참했으면 좋겠다는 것이 그 이유로 거론되었다. 즉, '함께 무엇인가 하는 것'에 대한 재미가 있다는 것이었다. 특히 같은 목표를 가지고 각자의 역할을 맡아 함께 무엇을 성취해 가는 그 과정은 돈을 주고 살 만큼의 가치가 있었다.

2) 협력적 재미를 자아내라

나는 이런 현상이 우리가 수련회나 MT 혹은 봉사활동 등을 할 때와 같은 맥락이라고 생각한다. 고생스럽더라도, 어떤 커뮤니티의 일부가 되어 함께 무엇인가 만들어 가는 것에 대한 재미가 생각보다 크다는 것이다. 이것은 일종의 '협력적 재미'라고 할 수 있는데, 역할을 가지고 무엇인가 해내는 성취감과 다른 이들을 도와주며 오는 뿌듯함이 적절히 섞여 즐거움을 자아낸다. 디자인 싱킹 워크숍에서도 이러한 '협력적 재미'는 큰 원동력이 된다. 디자인 싱킹에서는 기본적으로 여러 명이 모여 각자 자기의 경험에 기반하여 아이디어를 내는 것인데, 이렇게 해서 함께 공동의 문제를 풀어 갈 수 있다면 그 과정은 아무리 힘들고 고생스러워도 성취감이 높고 보람차게 느껴진다. 그 결과, 이런 협력적 재미가 높을수록 참여자들이 더 몰입하기 쉬워지고, 더 적극적인 참여가 이루어진다.

하지만 많은 경우, 이런 재미를 알고 있는 조직은 이미 협력적인 조직문화를 가지고 있거나 참여자들끼리 이미 깊은 친밀감이 존재하는 경우이다. 서로 잘 모르는 참여자들이거나, 더 나아가 사이가 좋지 않거나 이미 부딪치고 있는 이해관계자들

제3장 디자인 싱킹 속 시너지를 내기 위한 준비

이 모인다면 이런 협력적 재미를 끌어내기란 쉽지 않다. 그 결과, 나는 워크숍 초반에 참여자들이 친밀해질 수 있는 액티비티를 필수로 포함한다. 특히 한 가지 목표를 위해 여럿이 함께할 수 있는 액티비티라면 좋다. 이 액티비티는 보통 워크숍에서 이후에 다룰 '해결해야 하는 문제'와는 상관없는 것으로, 참여자들의 긴장도를 낮추고 서로 간의 대화를 많이 이끌어 내는 것일수록 좋다. 내가 가장 많이 사용하는 액티비티는 '마시멜로 + 파스타 탑 쌓기' '루브 골드버그 머신(RGB) 만들기' 그리고 '비연상 단어 말하기' 등이다. 각 액티비티에 대한 설명은 다음과 같다.

- 마시멜로+파스타 탑 쌓기: 참여자들을 두 팀 이상으로 나누어 진행한다. 각 팀에는 테이프 1개, 딱딱한 파스타 10~20개, 마시멜로 1개를 제공한다. 팀들은 주어진 시간

[그림 3-1] **마시멜로 탑 쌓기 예시 사진(created by GPT 4 DallE-3)**

(약 10~20분) 동안 테이프와 파스타만을 사용하여 높은 탑을 쌓고, 탑의 꼭대기에는 마시멜로를 꽂는다. 마시멜로를 가장 높은 곳에 올릴 수 있는 팀이 승리한다(1등을 한 팀에게 제공할 작은 상품을 준비하는 것도 좋다).

- 루브 골드버그 머신(RGB) 만들기: 로브 골드버그 머신은 주어진 일상의 물체들을 엮어 단순한 목표를 달성하도록 만드는 장치를 얘기한다. 나는 주로 목표 설정을 미리 하는데, 예를 들어 "구슬이 90도 이상 방향을 꺾은 후 10cm 이상 떨어져서 컵에 들어가야 한다."와 같은 목표를 주고, 주어진 준비물(예: 종이컵/A4용지/테이프 등)을 활용하여 RGB를 만들어 보도록 진행한다. 이 역시 2개 이상의 팀으로 나누어 주어진 시간 안에(10~20분) 진행하는 것이 긴장감이 있어 더 재미있지만, 참여자의 숫자가 적은 경우 한 팀으로

[그림 3-2] RGB 머신 예시 사진(created by GPT 4 DallE-3)

제3장 디자인 싱킹 속 시너지를 내기 위한 준비

도 진행할 수 있다.

• 비연상 단어 말하기: 이 액티비티는 아이디어 발상을 하는 워크숍의 경우 자주 사용된다. 한 가지 단어를 주고, 참여자들이 돌아가면서 앞사람이 말한 단어와 전혀 상관없는 단어를 얘기하는 것이다. 예를 들어, 주어진 단어가 '강아지'라면, 첫 번째 사람은 강아지와 전혀 상관없는 단어, 예를 들면 '자동차'와 같은 단어를 얘기해야 한다('고양이' '애완동물' 등 금지). 그 후 그다음 사람은 '자동차'와 전혀 관련 없는 단어를 얘기하는 등 계속된다. 이 액티비티는 앞사람에게 집중하게 되며, 엉뚱한 단어를 연상하게 함으로써 웃음을 자아내는 효과가 있다.

[그림 3-3] 비연상 단어 말하기 게임(Created by Midjourney)

이런 액티비티들 외에도 여럿이 할 수 있는 게임, 특히 몸을 쓰거나 목소리를 크게 낼 수 있는 게임 등은 모두 참여자들끼리의 사이를 좁히는 데 도움이 된다. 이때 중요한 것은 '협력적 재미'를 자아내는 것으로, 너무 과도한 경쟁을 부추기거나 부정적인 상호작용(서로 공격하거나 비웃음을 자아내는 주제)을 만들지 않도록 조심하는 것이 좋다.

숫자: 적절히 사용하면 최고의 도구

1) 숫자로 보여 줘

경제신문에 자주 등장하는 말이 있다. 바로 "숫자로 보여 주겠다."라는 말이다. 많은 회사의 리더들이 가장 자주 하는 말 중에 하나로, 더 이상 말만 하지 않고, 혹은 추상적인 가능성에 대한 얘기만 하지 않고 실질적인 숫자로 그 성과를 보여 주겠다는 것이다. 실제로, 우리가 비즈니스 아이디어를 이야기할 때는 그 가능성에 대한 구체적인 숫자를 보는 것이 중요하다. 이런 객관적인 데이터에는 반박하기 어렵기 때문이다.

디자인 싱킹에서도 숫자를 활용해야 하는 부분이 있다. 바로 다양한 의견의 수렴 단계에서이다. 디자인 싱킹은 발산과 수

제3장 디자인 싱킹 속 시너지를 내기 위한 준비

렴의 반복적인 형태인데, 유연하고 재미있게 아이디어 발산이 이루어졌다면 그다음에는 평화롭고 합리적인 수렴이 필요하다. 하지만 이 수렴이 생각보다 만만치 않다. 많은 사람이 모여서 다양한 아이디어를 내기 때문이기도 하지만, 속으로는 "No"라고 외치면서 눈치 때문에 "Yes"라고 외치는 사람이 많기 때문이다. 이런 경우는 나중에 꼭 문제가 되살아난다. 다시 말해, 다 같이 모여서 마치 이것이 문제의 해결인 양 동의해 놓고는 이후에 자기 자리로 돌아가면 전혀 논의되지 않은 방식으로 문제를 풀어 가려고 한다는 것이다. 이렇게 솔직하지 못한 수렴은 디자인 싱킹 워크숍을 백 번 천 번 해도 문제를 해결하지 못하는 근원이 된다.

2) 투표: 군중 속의 용기 활용하기

이럴 때는 솔직한 의견을 숫자로 파악하는 것이 중요하다. 나는 이것을 익명의 투표로 진행하는 경우가 많은데, 예를 들어 모든 아이디어를 바닥에 펼쳐 놓고 각자 똑같이 생긴 스티커를 주고 가장 좋은 아이디어, 즉 개인이 동의하는 아이디어에 투표하도록 기회를 준다. 이때 중요한 것은 한 사람당 투표권을 한 개가 아닌 3~5개씩 주는 것이다. 이렇게 많은 투표권을 주면 사람은 눈치 보는 곳에 투표한 후에도 진짜로 본인이 원하는 것에 투표할 수 있는 여유가 생긴다. 그리고 모두 같은 모양의 스티커를 받았기 때문에 나중에는 누가 어디에 투표했는지 일일이 알기가 어렵다. 바로 군중 속의 용기를 활용하는 것이다. 투표 후에는 가장 많은 스티커가 붙어 있는 상위권 아이디어들을 골라내어 적절히 수렴한다.

언뜻 보면 유치한 방법이다. 마치 초등학생들이 학교에서 해 보는 액티비티 같다. 하지만 이 과정이 필요한 이유는, 모든 사람이 보는 앞에서, 스티커의 숫자로 '어떤 아이디어가 가장 좋은 아이디어인지' 동의를 얻어내는 순간이기 때문이다. 모두가 균등하고 동일한 투표권을 행사하고, 민주적인 방법으로 좋은 아이디어를 골라낸 후에는, 누구도 그 결과에 반대하기가 어렵다.

만약에 스티커가 어렵다면, 요즘은 온라인 익명투표도 있다. 모두에게 링크를 주고 실시간으로 투표를 받는 것이다. 이 역시 그 자리에서 모두가 볼 수 있도록 투표 결과 화면을 공유하는 것이 중요하다. 실제로, 나는 대기업 연수에서 이런 실시간 익명투표를 시도 때도 없이 활용하는 강연을 보았다. 이 강연은 강연자가 혼자 이야기하는 강연이었는데도 불구하고, 나는 내가 손들고 발표한 것 같은 몰입감을 경험했다. 강연자 혼자 내용을 전달한 것이 아닌, 함께 만들어 가는 시간이 되었던 것이다.

제3장 디자인 싱킹 속 시너지를 내기 위한 준비

[그림 3-4] 스티커 투표 예시

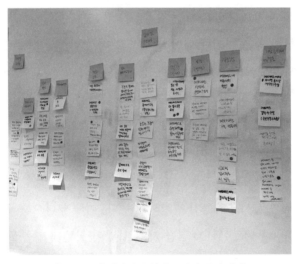

[그림 3-5] 아이디어 익명 스티커 투표 예시

4. 숫자: 적절히 사용하면 최고의 도구

3) 숫자를 통한 또 다른 수렴 단계

아이디에이션 단계에서 이렇게 좋은 아이디어를 수렴할 때 외에도 숫자는 디자인 싱킹에서 유용하게 사용될 수 있다. 숫자의 장점은 어떤 '그림'으로 많은 정보를 전달할 수 있다는 것이다. "A가 B보다 많은 사람이 사용하고, 또 좋아해."라는 것을 'A 사용자 = 100, B 사용자 = 5'라고 하면 훨씬 더 빠르게 그 강도를 보여 줄 수 있다는 것이다. 이 때문에 숫자를 자주 활용하는 또 다른 단계는 바로 문제정의 단계이다. 제일 첫 단계인 공감 단계에서 수집된 정보들을 문제정의 단계에서 수렴할 때, 숫자로 정리한다면 더 빠른 시간 안에 더 많은 정보를 고려할 수 있다. 시간 제한이 있는 디자인 싱킹 워크숍에서 이렇게 숫자를 잘 이용한다면 빠른 문제정의가 가능해진다.

특히 요즘은 이러한 데이터 기반의 디자인 싱킹 프로세스가 새롭게 떠오르고 있다. 기존에 정성적인 정보만을 고집했던 디자인 싱킹이 바뀌고 있다는 것이다. 인터뷰나 섀도잉을 통해 고객의 불편함을 파악하고 인사이트를 도출했다면, 이제는 실제 행동 데이터를 가지고 분석할 수 있다. "이 앱을 잘 사용할 것 같으신가요?"라고 묻는 대신, 100명에게 앱을 무료로 나눠 주고 진짜로 사용하는지 추적하면 된다. 이렇게 나오는 숫자는 '사용률' 외에도 어떤 배경을 가진 사람이 어떻게 상품을 사용하는지에 대한 정보까지 포함되기 때문에 효율적이다. 이렇게 디자인 싱킹의 첫 단계인 공감 단계에서 기존의 정성 데이터와 이렇게 새롭게 얻어지는 정량 데이터가 합쳐진다면 더더욱 정교한 문제해결이 가능해질 것이다.

믿음의 힘: 시스템을 추앙하라

1) 디자인 싱킹의 범주

디자인 싱킹을 활용한 컨설팅이나 교육을 전문으로 하는 분들과 얘기해 보면, 디자인 싱킹이 무엇인가에 대한 정의가 조금씩 다르다. 물론, '사용자 중심의 문제해결'을 목표로 하는 것은 변함이 없지만, 어떤 이들은 디자인 싱킹을 창의적인 결과를 위한 방법론으로 생각하거나, 단순히 '디자이너처럼 일하는 프로세스'라는 하나의 경영이론으로 생각하는 이들도 있다. 또 어떤 이들은 더 나아가 '세상을 보는 눈을 바꿔 주는 새로운 삶의 방식'이라고 주장하기도 한다. 나는 이 모든 정의에 어느 정도 동의한다. 특히 현재는 하나의 방법론일 뿐이라도 궁극적으로는 세상을 바라보는 새로운 방식으로 개발될 것이라고 믿는 편이다. 현재는 교육 분야나 제품디자인 분야 등 한정적인 분야들에서 폭발적으로 활용되고 있지만, 그 적용방안에 따라 개인 일상의 문제부터 사회 전반의 고질적인 문제해결까지 모두 활용될 수 있는 방법론이기 때문이다.

하지만 그렇다고 해서 디자인 싱킹이 모든 문제를 해결해 주지는 않는다. 분명 이전과는 다른 새로운 수준의 문제해결력을 제시하는 것은 맞지만, 가끔 어떤 조직들은 창의적인 솔루션이 아닌, 가장 안정적이고 익숙한 방법을 쓰는 것이 필요할 때도 있다. 혁신은 리스크를 동반하기 때문이다. 재정적으로 혹은 구조적으로 불안정한 조직에서 너무 혁신만을 바라보고 달리다가는 조직의 기반이 흔들릴 수 있다. 이런 이유로, 나는 디자인 싱킹을 이론과 방법론 그리고 삶의 방식 사이 그 어딘가에 위치한 개념으로 이해하고 있다.

2) 문제해결력: 믿고 경험하라

디자인 싱킹을 진행하면서 중요한 것은 이것을 방법론으로 받아들이느냐 혹은 철학으로 받아들이느냐가 아니다. 결국 '문제해결'이 목표인 우리는 문제를 해결할 수 있다는 믿음이 더 중요하다. 디자인 싱킹은 아주 복잡하게 얽히고설킨 큰 문제를 작은 실마리부터 풀어 나가기 때문에 가끔은 큰 숲이 보이지 않아 시간 낭비처럼 느껴지는 순간들이 온다. 실제로, 디자인 싱킹을 처음 접한 어느 컨설팅 조직과 3개월 정도의 프로젝트를 진행한 적이 있는데, 처음에는 새로운 시도에 대해서 긍정적이다가도, 1개월이 지나도 큰 그림이 보이지 않자 "이게 진짜 맞는 거냐?"라며 불안해했던 기억이 있다.

특히 디자인 싱킹은 바텀 업(bottom-up) 프로세스로, 문제해결에 대한 방안이 마지막에 나오기 때문에 그 과정 안에서는 더더욱 답이 보이지 않는다는 느낌을 받을 수 있다. 바텀 업 프로세스를 하면 대표적으로 거론되는 유명한 사례가 하나 있다. 바로 유니버설 디자인 키친웨어를 만든 패트리샤 무어(Patricia Moore)가 주인공이다. 유니버설 디자인이란 노인이나 아동 등 연령, 장애 유무, 성별 등에 구애받지 않고 모든 사람이 서비스를 편하고 쉽게 이용할 수 있도록 디자인하는 것을 이야기한다. 그녀는 '노인'을 이해하기 위해 26세에 진짜 '노인 체험'을 한 것으로 유명하다. 무어가 한 디자인 회사에 입사했을 때 주어진 팀의 과제는 새로운 냉장고 손잡이 디자인을 만드는 것이었다. 그녀는 노인은 손목의 힘이 약하니 근력이 약한 이들도 쉽게 열 수 있는 손잡이를 만들자고 제안했다. 그러나 무어의 아이디어는 즉각 선임들의 반발을 일으켰다. 무어의 아이디어는 묵살되었고, 그녀는 회의감을 느껴 회사를 그만두었다.

내가 주목한 것은 퇴사 이후 무어의 행동이다. 그녀는 이후 노인의 삶을 전적으로 공감할 수 있도록 노인 분장을 하고 다녔다. 진짜 '노인'이 되려 한 것이다. 그녀는 노인 분장을 하고 고도 원시 안경을 쓰고 철제 보조장치를 착용해서 걸음걸이를 불편하게 했다.

이런 위대한 공감력으로 무어는 3년간 노인 체험을 했고, 그 결과 남녀노소 모두가 편하게 사용할 수 있는 디자인인 '유니버설 디자인' 분야의 발전에 크게 기여했다. 이후 그녀의 경험에 기반하여 나온 제품이 OXO 스마트 그립 시리즈인데, 이 라인의 제품들은 쉽고 가볍게 제작되어 지금도 매우 혁신적인 제품으로 인정받고 있다.

디자인 싱킹은 패트리샤 무어처럼 사용자 공감에 충분한 시간과 에너지를 들이는 것이 중요하기 때문에 데드라인이 정해져 있는 대부분의 조직에서는 매우 난감해할 수 있다. 하지만 결론적으로는 근본적인 문제를 찾아내는 것이 문제해결의 가장 빠른 지름길이라는 것을 믿는다면, 이 불안감이 좀 더 해소될 수 있을 것이다. 퍼실리테이터로서 할 수 있는 것은 시작하기 전에 이런 사항들을 충분히 설명하는 것이다. 프로세스를 믿어야 한다는 것을 설명하고, 그간 풀어 온 문제들을 충분히 보여 줄 것을 권장한다. 일단 이 불안한 시간을 넘기고 한 번 결과를 본 조직들은 실제로 디자인 싱킹이 더 빠르고 효과적인 문제해결 방법이라는 것을 경험하고 그 이후부터는 불안해하지 않는다. 경험을 통해 디자인 싱킹 프로세스에 대한 믿음이 생기는 것이다.

3) 믿음이 생긴 후 적용해 볼 만한 분야

디자인 싱킹을 통해 문제해결을 해 본 경험이 어느 정도 쌓이면, 이제 단순한 방법론보다는 자신의 개인적인 삶에 적용해 보며 조금 더 삶의 방식으로 초대해 볼 수 있다. 다음은 디자인 싱킹을 적용해 볼 만한 삶의 부분들이다.

(1) 진로/직업의 설계

디자인 싱킹을 통해 나의 진로를 디자인해 보자. 내가 취업하고 싶은 분야를 찾기 위해, '나'라는 사람이 어떤 관심사와 능력, 히스토리를 가지고 있는지 자세하게 파악해 본다. 또한 '나'라는 사람을 정의하는 멘탈 모델과 인생의 과정을 그려 볼 수 있다. 이 여정에서 단계별 고난이나 예상되는 역경 등 페인 포인트를 파악하고 이를 극복하는 해결 아이디어를 내본다.

(2) 커뮤니케이션 스타일 설계

나의 커뮤니케이션 스타일을 개선해 보자. 현재 내가 사용하는 언어나 의사소통 방법을 단어들로 표현해 적어 보고, 반대로 내가 원하는 방향을 구체적으로 써 볼 수 있다. 그리고 현재의 커뮤니케이션 방법에서 미래에 내가 원하는 커뮤니케이션 스타일로 어떻게 나아갈지 아이디에이션을 해 본다. 아이디어를 위해 내가 써 볼 만한 표현들을 글로 써 보고, 이를 조금씩 연습함으로써 내가 원하는 커뮤니케이션 스타일로 바뀌어 갈 수 있다.

(3) 개인 목표 설계 및 달성

디자인 싱킹을 통해 나의 장기 및 단기 목표를 달성해 보자. 내가 달성하고자 하는 목표를 세울 때는 '5Whys'와 같은 방법을 활용해서 궁극적인 목적에 대해서 고민해 보고, 실제로 원하는 것을 파악해 볼 수 있다. 목표가 세워지면 구체적으로 어떻게 달성해 나갈지 시간표와 단계별 여정 지도를 그려 본다. 예를 들어, 운동을 하면서 몸매를 개선하고자 한다면 1개월이나 3개월 등의 시간적 목표와 어떤 운동을 어느 정도의 시간적 · 경제적 비용을 들여 행할 것인지 계획해 볼 수 있다. 또한 목표 달성 과정에서 마주칠 만한 방해물이나 페인 포인트를 파악하고 이때마다 어떻게 극복할 것인지에 대한 생각을 아이디에이션하여, 목표를 꼭 달성할 수 있도록 탄탄한 계획을 세워 볼 수 있다.

잘 달릴 수 있도록 해 주는 준비물

1) 공간, 유연할수록 좋다

지금까지는 디자인 싱킹에서 시너지를 내기 위한 다양한 소프트파워에 대한 내용들을 소개했다. 여기에 디자인 싱킹을 위한 물리적인 준비물도 필요하다. 여러 사람과 협업하는 것이 머릿속에서만 이루어지는 일이 아닌 만큼 몸을 위한 준비물이 필요한데, 그중 역시 가장 중요한 부분은 공간이다.

공간은 우리의 생각에 상당히 다양한 영향을 미친다. 이전 디자인 연구들을 보면 천장이 높고 밝은 공간에서는 창의성이 높아지고, 반대로 독서실처럼 좁고 조용한 공간에서는 암기나 집중이 잘 된다는 결과가 있었다. 하지만 공간을 이루는 요소들은 천장 높이와 조명, 소리 외에도 많이 있으며, 어떤 이들은 카페와 같은 백색소음이 있는 곳에서 집중을 더 잘하기도 한다. 따라서 디자인 싱킹을 위한 공간을 단적으로 '무조건 넓은' 혹은 '무조건 조용한' 공간으로 정의하기는 어렵다. 그보다는 '변화무쌍한 액티비티가 가능한', 즉 유연한 공간을 만드는 것에 초점을 두는 것이 유리하다.

[그림 3-6] **구글의 업무 공간**(created by Midjourney)

각 사람이 혼자 앉아 집중할 수 있는 의자나 구석이 마련되어 있으면서도, 동시에 2~6명의 사람이 모여 빠르게 무엇인가를 그리거나 얘기할 수 있는 공간이 함께 존재해야 한다. 또한 보통 디자인 싱킹의 시간은 10분부터 8시간까지 다양하므로 앉거나 서서 돌아다닐 수 있고, 조명을 조절할 수 있는 공간이 필요하다. 이런 '생각을 위한 공간'을 디자인한 사례로 구글의 업무 공간이 대표적인 예이다.

예전에 스카치테이프로 유명한 3M사에도 방문 투어를 했었는데, 그들의 혁신센터(Innovation Center)는 테이블이나 의자는 아예 없애고 방 자체를 둥근 원 모양으로 만들어 서로를 바라보게 만들었다.

[그림 3-7] 3M 형식의 업무 공간 디자인(created by Midjourney)

최근 코로나19의 영향으로 디자인 싱킹을 온라인으로 진행하는 사례도 많아졌는데, 가상의 공간이긴 하지만 여기서도 협업 공간은 필요하다. 온라인 협업의 경우, 여러 명의 사람이 동시 접속이 가능하고, 처음 보더라도 직관적으로 도구를 쓸 수 있는 공간인 것이 중요할 것이다. 대표적으로 많이 사용하는 툴인 Miro, Padlet, Jamboard 모두 온라인 협업 공간인데, 최대한 빠르게 여러 명이 자신의 아이디어를 자유롭게 공유할 수 있도록 만들어졌다.

2) 도구, 평등하게 주어져야 한다

공간이 마련된 다음에는 도구들이 준비된다. 화이트보드나 마커, 포스트잇 등 생각을 쉽고 빠르게 가시화하기 위한 도구들이다. 사람은 보통 자기 손에 쥐어진 도구를 쓴다. 따라서 참여자들에게 굵은 펜과 얇은 펜을 섞어서 준다면, 자연스럽게 굵은 펜을 쥔 사람이 큰 글씨로 제목을 쓰고 얇은 펜을 든 사람은 작은 글씨로 자기 종이에만 아이디어를 적을 가능성이 높다.

이런 이유에서 각 참여자들에게 동일한 펜과 종이 그리고 포스트잇과 액티비티지를 나눠 주어야 한다. 만약 '안내문'이나 '노트필기용 종이'가 있다면, 이것들 모두 개인이 쓸 것인지 집단이 쓸 것인지에 따라 나누어 크기와 장수를 정하여 준다.

3) 분위기, 마음이 자유롭게 풀어져야 한다

디자인 싱킹 과정에서 가장 어려운 부분은 '시작하기'이다. 시작하기 전에 참여자들은 각자 다양한 삶과 업무에서 오게 된다. 각자 생각하고 있는 부분이 다르고, 긴장도나 예상하는 것들이 다르다. 회의인지 놀이인지 모르는 형태의 워크숍 때문에 어색해하는 참여자들도 많다. 실제로, 참여자들 중에 적극적으로 '디자인 싱킹이 너무 하고 싶다.'라는 자세로 오는 경우는 드물다. 어쨌든 문제해결을 위한 워크숍이기 때문에, 각자 문제를 안고 오는 경우가 많다.

이렇게 긴장되고 어색한 분위기를 풀어주는 것 또한 중요하다. 나는 음악을 꼭 쓰라고 권하고 싶다. 조용한 음악도 좋지만, 신나서 몸이 저절로 들썩이는 음악을 틀어 놓으면 좋다. 웃음이 나올 만한 트로트나 최근 유행하는 곡을 틀어 놓는 것도 도움이 된다. 음악 외에도 참여자가 디자인 싱킹 공간에 들어오는 순간, 편하고 즐겁게 해 주는 향이나 뮤직비디오 혹은 벽의 장식 등도 도움이 될 수 있다.

중요한 것은, 이 공간은 외부의 업무와 문제들에서 어느 정도 차단된 곳이며, 여행을 온 것처럼 자유로운 마음가짐을 가질 수 있는 곳이라는 메시지를 주는 것이다. 나는 보통 그해의 하우스 뮤직(house music)을 틀어 주는 경우가 많다. 하우스 뮤직이란 유행하는 곡을 클럽 음악처럼 리믹스한 곡을 말한다. 우리나라로 치면, '카페 음악'이 이에 해당할 것이다. 참여자의 성격을 미리 공부하고, 최대한 분위기를 풀어 주어라. 이것은 이후 진행하는 협업에 아주 긍정적인 영향을 미칠 것이다.

4) 보상 및 음식, 충분할수록 좋다

디자인 싱킹을 하고 나면 가장 많이 듣는 말이 "밤을 샌 것 같다."라는 피드백이다. 그만큼 짧은 시간 안에 머리를 쥐어짜야 하는, 많은 에너지가 소모되는 활동이라는 것이다. 퍼실리테이터는 이런 참여자들의 고단함을 이해하고 그들을 위한 준비를 해 주어야 한다. 참여에 대한 동기부여를 올려 주는 보상을 많이 준비하여, 중간중간 적극적으로 아이디어를 내는 이들을 위해 준비한 보상을 나누어 준다. 보통 보상은 예산이나 참여자의 성격에 따라 달라진다. 어떤 워크숍에서는 보상으로 디자인 싱킹 도서를 주는 곳도 봤고, 보드게임, 상품권, 커피 쿠폰, 초콜릿 등을 나누어 주기도 한다.

또한 에너지가 많이 드는 만큼 계속해서 당을 충전해 주는 것도 중요하다. 쉬는 시간마다 마실 것을 제공하고, 간단히 먹을 수 있는 사탕, 과자, 초콜릿 등을 준비해 두면 간식시간에 먹으면서 대화를 할 수 있기 때문에 참여자들끼리 더 친해지고 또한 긴장도도 떨어진다. 단것을 먹으며 기분이 좋아지는 효과도 기대할 수 있다. 무슨 협업하는 데 이 정도까지 해 줘야 하나 싶을 수도 있지만, 이 모든 것은 최고의 아이디어를 나오게 하기 위해 우리의 몸과 마음을 준비시켜 주는 요소들이다.

제**4**장

디자인 싱커들의
소통방법

간단명료의 힘

1) 교회에서 배운 소통방법

미국에서는 한국인 공동체가 교회나 성당을 중심으로 만들어지는 경우가 많다. 미국의 한인교회에서는 한국 음식이 그리운 유학생들을 위해 주일마다 밥도 주고, 명절이 되면 떡도 주고, 김장철이 되면 함께 모여 김장도 한다. 이 때문에 실제로 교회를 다니지 않았더라도 한국 사람이나 한국 정서가 그리운 학생들이 교회에 자주 모이는 편이다. 나는 어떤 주에 살든지 항상 그 동네에서 가장 큰 한인교회를 다니곤 했는데, 이런 곳은 정규 학교처럼 아이들을 위한 한글학교를 운영하고, 매 시즌 운동회를 열기도 했다.

이렇게 다양한 사람이 모여 다양한 액티비티를 진행하다 보니, 내가 디자인 싱킹 워크숍을 하기 위한 발판이 교회 모임에서 만들어지지 않았나 하는 생각이 든다. 특히 나이나 배경이 비슷한 사람들이 3~10명씩 소규모로 모여 성경 공부를 진행하다 보면 그 안에서 리더십을 발휘해야 할 때가 참 많은데, 이 때마다 마치 워크숍을 진행하는 느낌이었다. 이 때문에 대부분의 대형 교회는 리더십 교육을 따로 진행하곤 하는데, 기독교

교리와 연결 짓지 않더라도, 이런 리더십 교육은 디자인 싱킹에도 적용될 수 있다. 그중에서 내가 가장 자주 사용하는 몇 가지 리더십 팁을 전달하고자 한다.

(1) 리더는 과묵하다

성인이 된 후에 해외에 나온 이들을 보면 공통적인 특징이 있다. 그중 하나는 말이 많아진다는 것이다. 모두 가족을 멀리 두고 타지로 나와 생활하는 데다, 해외에 처음 나와 다른 이들과는 말도 안 통하고 대부분의 시간을 혼자 보내는 학생들이 많은데, 이들이 모이면 얼마나 할 이야기가 많겠는가. 특히 일주일에 한 번 있는 교회 모임은 외로운 유학생활에서 친구들을 만나 서로의 안부를 물어보고, 또 서로에게 깊이 있는 질문을 하며 삶을 나누고 공감할 수 있는 단비 같은 시간이다.

보통 교회 모임에서 성경 공부를 할 때는 이야기가 너무 다른 곳으로 새지 않도록 도와주는 리더가 있기 마련인데, 여기에서 좋은 리더는 '과묵함'을 지키는 리더이다. 리더도 역시 많은 이야기를 하고 싶고(아는 것이 더 많기 때문에), 의견이 많을 수 있지만, 어디까지나 참여자들이 스스로 생각하고 의견을 내는 것이 중요하기 때문에 리더는 최대한 수렴을 많이 할 수 있어야 한다. 특히 참여자가 적극적으로 자신의 의견을 얘기하게 만들려면 그의 말을 '듣고 있다'는 신호를 주어야 한다. 여기서 리더의 역할은 참여자를 바꾸도록 잔소리를 한다거나, 자신의 얘기를 하며 자랑하는 것이 아니다. 좋은 리더는 자신에 대한 얘기를 최대한 자제하고, 상대의 어려움을 들어 주며 공감하고, 또 더 좋은 결과물이 나올 수 있도록 아이디어를 던지거나 질문을 던지기도 한다.

경영학에서는 이를 '변혁적 리더십(transformational leadership)'이라고 부르는데, 내가 돈이나 칭찬을 주고 충성을 대가로 받는 '거래적 리더십(transactional leadership)'과 반대되는 형태이다. 먼저 보여 주고 상대의 마음을 얻음으로써 스스로 자각하여 움직이게 만드는 리더십이다. 변혁적 리더십은 다른 말로 헌신적 리더십 혹은 서번트 리더십(servant leadership)이라고도 부르는데, 이는 다른 이들을 통제하거나 지시를 내리는 형태가 아닌 섬김의 대상으로 보고 공동 목표를 부여하며 그룹원이 그 목표에 도달하도록 도와주는 역할을 하는 형태이기 때문이다.

디자인 싱킹 퍼실리테이터의 기본 태도는 바로 이런 '변혁적 리더'의 태도와 비슷하다. 디자인 싱킹이 속에 있는 아이디어를 꺼내고, 편안하게 의견을 나누며 문제를 해결하는 것이 목표인 만큼, 집단을 이끌어 가는 리더는 자신의 생각을 남들에게 주입시키거나 강요하는 것은 최대한 자제해야 한다. 리더가 자신의 의견을 강하게 밀어붙이거나, 말을 너무 많이 하는 순간부터 이 집단은 집단 지성을 모으지 못한다. 그저 한 개인의 역량이 그 집단의 한계가 되는 것이다. 당연히 퍼실리테이션을 많이 하다 보면, 눈에 답이 보이는 경우도 많다. 하지만 이것을 입 밖으로 내지 않고, 발표자가 아닌 '서포터'의 입장으로 집단을 이끌어 가는 것이 퍼실리테이터의 바람직한 태도이다.

(2) 사람을 움직이는 명령어

내가 즐겨 보는 TV 프로그램 중에 〈금쪽같은 내 새끼〉가 있다. 이 프로그램에서는 자타공인 '육아의 신'이라 불리는 정신의학과 오은영 박사가 나와, 문제행동을 보이는 아이들을 어떻게 양육할지 코칭해 주는 프로그램이다. 내가 임신을 준비하고 또 출산을 하면서, 나는 이 프로그램의 매 에피소드를 두세 번씩 보며 열렬히 공부하기 시작했는데, 여러 문제를 해결해 주는 공통적인 코칭을 하나 발견했다. 그것은 바로 "한 번만 말하라."이다. 나는 이 말을 이전에도 들어 본 적이 있다. 바로 '개통령'이라 불리는 강형욱 씨가 나오는 〈세상에 나쁜 개는 없다〉에서였다. 대상이 하나는 사람이고 하나는 강아지인데, 이 성공한 두 코치들의 전략이 비슷하다는 것이 놀랍지 않은가?

우리는 누군가에게 어떤 지시를 했을 때, 상대가 그 말에 반응하지 않으면 못 들었다고 생각해서 두 번 세 번 말하는 경우가 있다. 또한 못 알아들었을까 봐 설명을 덧붙여서 반복적으로 얘기한다. 물론, 진짜로 못 듣는 사람도 많다. 소리가 너무 작거나, 잠시 다른 생각을 했거나, 혹은 다른 무엇인가에 정신이 팔려서 못 들었을 수 있다. 하지만 이런 경우가 아닌 이상, 같은 얘기를 반복적으로 하거나 더 길게 말하는 것은 도움이 되지 않는다. 어떤 지시가 사람의 귀로 들어가서 청력을 자극하고, 그것이 뇌로 올라가 무슨 뜻인지 이해하도록 한 바퀴 돈다음, 들은 사람이 스스로에게 명령을 내려 움직이게 만들기까지는 시간이 필요하다. 또한 이것이 잘 안 되는 사람들은 연습이 많이 필요하다.

다양한 사람에게 수많은 지시를 하고, 그들을 움직이게 만들어야 하는 퍼실리테이터는 이 사실을 먼저 인정해야 한다. 내가 한두 번 얘기한 것을 사람들이 따라 주지 않을 때에는 그것을 백 번 천 번 얘기해도 같은 결과가 나온다. 같은 말을 반복할 필요가 없다는 것이다. 퍼실리테이터라면, 나의 말소리가 백색소음처럼 취급되지 않도록 같은 말은 최대한 자제하라. 또한 대상이 나에게 잠깐 집중하더라도 메시지가 전달될 수 있도록 최대한 간단명료하게 지시하는 것이 효과적이다. 더불어, 많은 사람이 어떠한 상황에서도 나에게 시선을 향하고 귀를 기울일 수 있도록 환경을 만들어 줘야 한다. 이런 면에서 원형 탁자가 그룹 활동에 도움이 되기는 하지만, 퍼실리테이터에게 집중하기는 어렵게 만드는 경향이 있다. 마지막으로, 듣는 사람이 정신 차리고 나의 지시를 따를 수 있도록 억양과 소리를 조절하라. 불분명한 발음과 작은 소리는 상대로 하여금 물어보게 하고, 같은 얘기를 또 하게 만든다.

반대로, 참여자 입장에서는 말을 많이 할수록 좋다. 제2장에서 언급한 나의 박사 지도교수였던 배리는 한 예시로 자동차와 화장실 두루마리 휴지의 차이를 이야기했다. 자동차는 1880년부터 지금까지 어마어마한 변형과 발전이 있었다면, 두루마리 휴지는 포장 방법이 변화한 것 말고는 지난 150년간 거의 발전이 없었다. 배리의 책 『창의성에 불붙이기(Sparking Creativity: How play and humor fuel innovation and design; 2023)』에 따르면, 우리 사회는 누구나 아무 때나 연락할 수 있고, 근처 행성에 로켓을 쏘아 올릴 수 있으며, 가상 인간을 만들어 낼 만큼 발전했지만, 대변을 보고 닦는 그 과정만큼은 가장 원초적인 '종이로 문지르기' 단계에 머물러 있다고 했다. 많은 역사학자와 사회학자에 따르면, 아주 오래전 고대에 나뭇잎, 풀, 털, 코코넛 껍질 등을 사용하던 때에서 1857년 미국 조셉 게이티(Joseph Gayetty)에 의해 돌돌 말려 있는 부드러운 종이, 즉 두루마리 휴지를 개발하기까지는 몇천 년이 걸렸다(Blakemore, 2020; Ponti, 2020; Stratton, 2021). 하지만 이때 당시, 여기저기 널려 있는 '변을 닦을 것들'이 있는데도 두루마리 휴지를 돈을 주고 산다는 것은 무엇인가 지병이 있거나 엉덩이 쪽에 문제가 있는 것으로 여겨졌다. 그래서 지금까지도 잘 알려져 있는 '스캇 두루마리 휴지 회사(Scott Paper Company)'에서는 1890년에 두루마리 휴지를 프리미엄한 제품으로 소개하고 호텔이나 약국에서 파는 등의 마케팅 활동을 했지만, 그 당시 소비자들은 그 이름조차 부르기를 꺼려 했다. 결국 두루마리 휴지가 처음 시장에 나와 가정에 보급되기까지는 75년 정도가 걸렸다. 이는 휴지에 대해 누구도 말하기 싫어하고, 쉬쉬하며, 몰래 사용했기 때문에 매우 더디게 보급되었던 것이다. 그리고 그 결과는 모두가 말하고 관심 있게 논의되었던 자동차에 비해 엄청나게 느린 속도로 변형되고 발전되었다.

배리는 두루마리 휴지에서 혁신적으로 발전된 형태가 비데라고 얘기한다. 비데는 1600년대에 프랑스에서 만들어졌지만, 지금은 일본이나 한국에서 대중적으로 사용되고 있으며 스페인, 이탈리아, 그리스 등에서도 도시 가정의 90% 정도가 사용하고 있다. 하지만 미국은 여전히 비데가 무엇인지 잘 알지 못한다(배리는 비데에 엄청난 감명을 받았는지, 여기저기 비데를 홍보하고 다녔다). 그리고 배리는 "미국인들은 자기 집 화장실에 있는 것에 대해 말하기를 극도로 꺼린다."를 그 이유로 들었다. 게다가 그에 따르면 미국인들은 화장실에 있는 것들은 그저 고장 나면 고치는 것이지, 업그레이드할 필요를 못 느낀다고 했다. 만약 누군가 두루마리 휴지 대신 비데를 써야 한다고 말한다면, 어디가 아프거나 문제가 있어서 업그레이드한다고 생각하는 것이었다. 이 때문에, 미국의 화장실 문화는 변하기 가장 어려운 부분 중 하나이다. 배리는 책에 나온 내용 외에도, 가끔 화장실이라는 '변 가루가 날아다니는 곳'에 칫솔을 걸어 두는 것에 대해서도 이상하다고 늘 말했는데, 생각해 보면.이것은 한국 내에서도 마찬가지인 듯하다. 공기 중에 떠다니는 바이러스를 차단하기 위해 밖에서는 KF94 마스크를 쓰고 다니지만,

정작 집에서 가장 오염된 공기가 머무는 곳에는 입에 들어가는 물건들을 아무렇지 않게 놓아둔다. 하지만 아무도 이 문제에 대해 말하지 않으니, 그동안 크게 변한 것이 없는 듯하다.

당신이 혹은 조직이 어떤 부분에서의 변화를 원한다면 그 주제에 대하여 계속 이야기해야 한다. 그 논의가 그저 좋다는 말이라도, 혹은 끝없는 불평불만이라도 괜찮다. 문제를 해결하기 위해서는 관련 주제에 대한 대량의 생각이 필요하다. 앞에서 언급한 것을 종합하면, 결국 퍼실리테이터는 자신의 지시나 생각은 최소한으로 말하되, 문제해결을 해야 하는 분야에 대해서는 끊임없이 말할 수 있는 트리거(Trigger)를 던져 주어야 한다. 그리고 이것은 사전의 많은 공부와 준비를 필요로 한다. 어떤 핵심 키워드로 논의가 이루어져야 하는지 또 어떤 주제를 던져 주어야 더 많은 참여자가 오랫동안 이야기할지를 알아보고 활용해 보자. 누구도 말하지 않았던 부분이 문제의 핵심일 수 있다. 이런 숨겨진 주제를 많이 찾을 수 있다면, 혁신의 실마리를 잡은 것이다.

2

명품 가방과 청담 헤어디자이너 효과

1) 여의도 가는 길

나는 디자인 싱킹 퍼실리테이터로서 가끔 외부 고객들, 중소기업, 대기업, 학교 등의 고객들을 대상으로 워크숍 및 컨설팅을 진행하는데, 한 번은 이런 일이 있었다. 한 프로젝트에 여러 고객사가 함께 각자의 컨설팅사를 동반하여 워크숍을 요청한 것이었다. 워크숍을 진행하려면 일단 이해관계자들의 필요를 파악해야 해서 모두 모여서 미팅을 진행하기로 했다.

당시 나는 경기도에서 강남으로 출근하고 있었는데, 처음으로 여의도까지 가는 시외버스를 타게 되었다. 그런데 버스 내의 분위기가 그동안의 분위기와 좀 다르게 느껴졌다. 나는 버스의 가장 뒤쪽에 자리를 잡고 사람들을 살피기 시작했다. 평소에 자주 보던 머리에 롤을 꽂고 오는 젊은 직장인들, 레깅스에 힙한 운동 복장으로 타던 사람들, 버스에 타자마자 창문에 머리를 대고 침 흘리며 잠들기 바빴던 학생들이 보이지 않았다. 눈앞에 보이는 이들은 대부분 점잖은 중년들이었고, 하나같이 반듯하게 다림질된 셔츠와 조끼, 혹은 정장 재킷을 입고 있었으며, 어떤 이들은 책을 꺼내 읽거나 신문지를 펼쳐 읽는 사람도 보였다. 버스 안은 매우 조용했는데, 마치 공항 라운지에서 느끼는 여유롭고 지적이며, 안정된 분위기가 느껴졌다.

2) 그녀의 비주얼에 압도당하다

버스에서 내린 후 나는 고객사들과 컨설팅사가 모인 미팅 자리에 참석했다. 그곳에는 총 6개의 조직이 모였는데, 그중 반은 고객사들이었고 반은 컨설팅사였다. 처음 들어선 미팅장은 매우 넓고 사람은 약 30명 정도 있었는데, 희한하게도 누가 어떤 조직의 일원인지 바로 알 수 있었다. 특히 그날 모였던 컨설팅사 중 A사는 컨설팅 쪽에서는 상당히 규모가 크고 잘 알려진 회사였는데, 미팅룸에 들어서는 순간 그 컨설팅사의 대표로 온 사람이 누구인지 바로 알아볼 수 있었다.

그녀는 작은 키에 눈에 띄는 외모는 아니었지만, 나는 그녀의 비주얼에 압도당하고 말았는데, 마치 방금 미용실에서 세팅한 듯한 머리, 풀메이크업에 아무나 소화할 수 없는 큰 보석이 달린 보라색 뾰족구두와, 명품 중에서도 상위에 속하는 초고가의 가방이 한몫을 했다. 이것은 꼭 비싼 복장에 압도당했다기보다는 그 패션 센스와 풍기는 시각적 카리스마에 압도당했다는 것이 더 맞는데, 실제로 목소리가 별로 크지도 않았던 그녀가 말할 때는 이상하게 모두가 집중해서 그녀를 쳐다보게 되었던 기억이 있다.

나는 이 미팅 이후 바로 청담에 연예인들이 다닌다는 헤어숍을 예약해 머리를 하고, 중요한 자리에만 신었던 오래된 구두를 꺼내 신고 다음 날 출근했다. 그 당시에는 내가 왜 그랬는지 몰랐는데, 생각해 보면 그녀와 달라 보이는 내 헝클어진 모습이 그 컨설팅 대표와 '대등하게' 느껴지지 않았던 것 같다.

재미있는 것은, 미팅 이후 이곳에 참여했던 다른 컨설턴트들을 따로 만나 소규모로 미팅을 진행할 기회가 있었는데, 모두 이전과는 달라진 머리와 화장 그리고 신발을 신고 나타난 것이다. 아마도 서로 대놓고 말하지는 않았지만, 그날 나처럼 그 A사 대표의 비주얼에 큰 충격을 받았던 모양이다.

3) 겉모습은 중요하다

실제로 심리학에서 '설득'에 대한 연구 줄기를 살펴보면 이런 '외형적 매력(physical attractiveness)'이 사람과 사람 간의 상호작용에 미치는 영향을 무시할 수 없다는 것을 알 수 있다. 이 분야의 대가인 셸리 차이켄(Shelly Chaiken)의 1979년 연구 「전달자의 외형적 매력과 설득(Communicator physical attractiveness and persuasion)」을 보면 실제로 남녀를 불문하고 외형적인 매력은 그 매력 소유자의 설득력을 눈에 띄게 향상시켰다. G. L. 파처(Patzer)도 비슷한 연구 결과를 보고했는데, 그의 논문 「전달자의 외형적 매력의 함수로서의 출처 신뢰도(Source credibility as a function of communicator physical attractiveness; 1983)」에 따르면 관객이 상대를 보기에 매력적이라고 평가하는 경우에 이 관객은 이 매력 소유자의 말을 더 믿고, 더 좋아하며, 더욱 신뢰한다는 결과가 있었다.

더 최근에는 관객이 상대의 외모를 긍정적으로 평가할수록 그 상대의 전문성을 더 높게 인지한다고 밝히기도 했다「발표자의 신체적 매력은 어떻게 설득될까(How does the presenter's physical attractiveness persuade)?」(Praxmarer & Rossiter, 2009)].

이런 연구를 보고 "앗, 외모지상주의!"라며 불편해할 수도 있지만, 여기서 주의할 점은 '외향적인 매력'은 실제로 '취향'이 반영된 결과라는 사실이다. 즉, 누가 보기에도 예쁘고 잘생긴 것을 얘기하는 것이 아닌, '매력적으로' 느낄 만한 요소를 갖추었다는 것이다. 이것은 타고난(혹은 만들어진) 이목구비 외에도, 앞에서 얘기한 어떤 '센스'나 자기관리, 깔끔함(위생), 표정, 몸짓 등을 모두 포함할 수 있다. 이 중에서 역시 가장 컨트롤하기 쉬운 것이 복장이다. 즉, 세련되고 깔끔한 복장이 나의 전문성에 대한 신뢰도를 높이거나, 상대에게 나에 대한 신뢰성을 높이고, 내 말에 귀 기울이게 만들 수 있다는 것이다.

실제로 미네소타 주립대학교에서 한 연구를 보면, 생각보다 양질의 시각효과가 그 내용을 판단하는 데 있어 얼마나 큰 역할을 하는지 알 수 있다. 이 연구에서는 네 개의 토스터 아이디어를 각자 그리기 스킬이 다른 4명의 참여자가 스케치하도록 했다. 그렇게 나온 16개의 토스터를 보고 360명의 일반인 평가자가 아이디어의 독창성을 평가하게끔 했다. 그 결과, 같은 토스터 아이디어인데도 불구하고 토스터 아이디어 그림의 질이 높을수록 더 창의적이라고 평가했다. 이 연구의 저자들은 이것이 실제로 조직에서 자주 일어나는 일이라고 말한다. 기계공학을 전공한 학생과 디자인을 전공한 학생이 같은 아이디어로 포트폴리오를 만들어 회사에 지원하면 많은 회사가 포트폴리오에서 보이는 시각적 산출물의 질 때문에 디자인을 전공한 학생을 뽑는다는 것이다. 그 기계공학을 전공한 학생은 심지어 자신이 그린 것을 만들기까지 할 수 있는데 말이다.

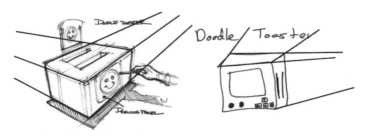

[그림 4-1] 전공이 다른 두 학생의 같은 토스터 아이디어 스케치 비교

출처: Kudrowtiz, B., Te, P., & Wallace, D. (2012).

4) 복장과 조직문화

요즘은 일하는 문화가 많이 바뀌어서 복장에 대해 자유로운 곳들이 많아졌다. 그럼에도 불구하고 여러 조직을 대상으로 만나다 보면 그 복장에 있어 각 조직마다 약간의 특성이 있는 것을 알 수 있다. 나는 대기업 S에 입사하기 전에 두 조직에서 인턴을 한 경험이 있었다. 하나는 외국계 은행이었고, 또 하나는 게임회사였는데, 이 두 회사는 그 문화가 너무나 달랐다.

첫 번째 있었던 외국계 은행은 그 업계 중에서도 상당히 보수적이기로 유명한 곳이라 그런지 남녀 모두 잘 다려진 정장을 입고 다녔다. 3개월 출퇴근하는 동안 운동화를 신은 사람은 단 한 명도 보지 못했고, 심지어 바지 정장을 입은 여사원조차 희귀했다. 물론 그게 벌써 10년 전이라 지금은 조금 달라졌을 것이라 생각하지만, 그 이후에 일했던 게임회사만큼은 아닐 것이라 예상한다. 그다음 일했던 게임회사는 복장이 아주 자유로운 곳이었다. 개발자들은 미국 실리콘밸리에서 본 것처럼 청바지에 티셔츠를 입거나, 짧은 반바지, 발가락이 보이는 슬리퍼 등 자기 개성에 맞게 편한 대로 입고 다녔다.

업무 복장은 그 조직 문화의 결과물이기도 하지만, 또한 그 조직의 문화를 만들어 내는 요인이기도 하다. 조직이 편하고 수평적 문화(flat culture)이기 때문에 청바지를 입을 수도 있지만, 청바지를 허용함으로써 조직의 문화가 수평적으로 바뀔 수도 있다는 얘기이다. 반대로, 딱딱하고 보수적인 문화 때문에 정장을 입을 수도 있지만, 정장을 입는 문화가 또한 보수적인 행동을 자아낼 수도 있다. 그렇다면 디자인 싱킹을 잘하기 위해서는 어떤 복장으로 참여해야 할까?

5) 센스가 필요하다

디자인 싱킹을 주최하는 사람은 기본적으로 사람을 다루어야 한다. 그 대상은 학생들일 수도 있지만 조직의 실무진이나 임원, 고객, 혹은 어떤 분야의 전문가일 가능성이 크다. 이렇게 모인 참여자들은 대부분 '어떤 문제'가 발생하여 모였고, 서로 친할 수도 있고 서로 처음 볼 수도 있으며, 또는 서로에 대한 불만으로 똘똘 뭉쳐 있을 가능성도 있다.

실제로 조직에서 디자인 싱킹 워크숍을 요청할 때는 어떤 기술적인 문제가 발생할 경우보다 임원과의 소통이 잘 되지 않거나 협업 조직 간의 의견 충돌이 심하여 요청하는 경우가 많다. 이 때문에 앞에서 퍼실리테이션을 진행하는 사람은 '문제를 해결할 능력이 있는 사람'이라는 것을 보여 주는 것이 중요하다. 무엇을 먹으면서 흘린 자국이 있거나, 칠칠치 못해 보이는 옷은 신뢰감을 떨어뜨릴 수 있다. 퍼실리테이터는 또한 조직보다 앞서서 무엇인가를 만들어 줄 수 있다는 신뢰를 주어야 한다. 이것은 비주얼 '센스'로 표현할 수 있다.

무조건 보수적인 정장보다는 나에게 맞는 것이 무엇인가를 찾아야 한다. 말투, 몸짓, 인상 등에 맞는 복장을 입어라. 필요하다면 퍼스널컬러 진단도 받아 보고, 화장을 해야 한다면 요즘 유행하는 화장이 무엇인지도 알아보는 것이 좋다. 이런 복장 혹은 변신은 여러 사람을 이끌어 갈 때 스스로에게도 자신감을 주고, 적극적인 리더십을 발휘할 수 있게 도와준다. 반대로 당신의 패션 센스에 압도당한 좌중은 조금 더 순종적으로 액티비티에 참여할 수 있다.

참여자의 복장은 조금 다르다. 디자인 싱킹에서 참여자의 미덕은 적극적인 참여 태도라고 할 수 있다. 그 결과 참여자의 센스 있는 복장은 '활동하기 편한' 복장이다. 벽에 그림도 그리고 필요하면 일어나서 돌아다니기 위해 편한 옷을 입거나 편한 신발을 신는 것이 중요하다. 간혹 디자인 싱킹이 집단 활동이기 때문에 참여자들에게 같은 옷을 입히는 경우도 있지만, 개인적으로 이런 통일된 복장은 강한 소속감을 일으키면서도 개인 표현을 억제할 수 있기 때문에 지양하고 있다.

퍼펫용 시나리오 만들기: 감정까지 연기하라

1) 퍼블릭 스피킹 수업

디자인 싱킹 퍼실리테이터는 무대에서 마술쇼를 하는 것과 비슷하다. 관객들의 시선을 파악하고, 소통하며, 시작부터 끝까지 내가 원하는 곳을 바라보고 또 기대하도록 유도해야 한다. 만약 퍼실리테이터가 이끌어야 하는 이 관객들을 두려워한다면, 관객은 그 자질을 의심하거나 워크숍의 결과물을 신뢰하기 힘들게 될 것이다. 다시 말해, 아무리 디자인 싱킹을 통해 나온 내용이 창의적이고 가치 있는 내용이라도, 퍼실리테이터의 자세에 따라 그 평가가 달라질 수 있다는 말이다. 이 때문에 퍼실리테이션은 아주 많은 준비가 필요하다. 이 무대가 어떤 곳인지, 관객들은 어떤 사람들인지 사전에 파악하는 것, 그리고 원하는 결과물을 이끌어 내기 위해 퍼실리테이션에 어떤 요소들을 넣어야 하는지 모두 준비하는 것이 중요하다. 예를 들어, 전체적으로 유머러스하게 진행할 것인지 혹은 딱딱하고 진지한 분위기로 이끌어 갈지와 같은 분위기 요소까지 미리 정하는 것이 좋다.

내가 퍼실리테이션을 진행하면서 가장 도움이 되었던 것은 고등학교 때 들었던 퍼블릭 스피킹 수업이었다. 이 수업의 담당 교사는 본래 연극을 하다가 은퇴한 백인 할머니였는데, 깐깐하기가 이루 말할 수가 없었다. 한 번 발표할 때마다 마치 전문 배우가 연극을 하는 것처럼 연습을 많이 시켰는데, 특히 영어가 외국어였던 나에게도 발음이 부정확하다며 같은 말을 수십 번씩 반복하게 만들 정도였다. 기본적으로 수업에서 진행했던 내용은 라디오 광고 녹음하기, 아이들 앞에서 동화 읽어 주기, 유명한 정치인 따라 해 보기, 역사적으로 유명한 스피치를 외워서 발표하기 등이었다. 이 과정에서 나는 각 관객(대중, 아동, 친구들 등)에 따라 더 효과적인 목소리와 몸동작 등을 배워야 했다. 이 수업을 들을 때는 도대체 이렇게 배운 것을 어디에 써먹을 것인가, 굳이 이렇게까지 해야 하나 많이 생각했지만, 이때 배운 내용을 졸업한 후 실제로 사회생활 및 디자인 싱커로서 가장 많이 활용하는 스킬이 되었다.

비슷한 형태로, 요즘 아나운서 학원이나 말하기 수업을 진행하는 곳이 많아졌다. 디자인 싱킹 퍼실리테이션을 진행하기 위해서, 나는 이런 트레이닝을 받는 것을 매우 적극적으로 추천한다. 특히 여러 가지 발표를 해 보고, 주눅 들거나 두려워하지 않고 당당하고 정확하게 말하는 것이 중요하다. 상대에게 신뢰성을 주는 여러 스킬에 대해 배워 보는 것은 어떨까?

2) 내향적인 사람도 가능하다

나는 사실 매우 내향적인 사람이다. 세 명 이상이 모인 곳에서 밥을 먹으면 늘 체해서 집에 오고, 아무리 친한 사람들끼리 모여도 집에 오면 완전히 방전되어 며칠은 쉬어야 한다. 어릴 때는 버스에 탔을 때 나를 보는 친구들의 시선이 무서워서 유치원도 못가는 경우가 종종 있었다. 이런 내가 수십 명 또는 수백 명이 앉아 모두가 나만 쳐다보는 곳에서 당당하게 디자인 싱킹 퍼실리테이션을 하고 있다. 심지어는 조직의 임원들이나 불신에 가득 찬 관객을 대상으로 설득하고 또 강하게 밀어붙이는 일을 업으로 하고 있다. 이것이 어떻게 가능할까.

『콰이어트(Quiet)』(김우열 역, 알에이치코리아, 2012)라는 책의 저자인 수잔 케인(Susan Cain)은 다음과 같이 얘기했다.

연설을 잘하기로 유명한 CEO들의 대다수는 사실 '내성적'이며, 우리가 생각하는 것처럼 외향적인 사람들이 발표를 잘하는 것이 아니다. 내성적인 사람들이 발표를 더 잘하는 이유는, 사실 실수에 더 많이 대비하고 더 많이 준비하고, 더 많은 발표 실력을 쌓기 때문이다.

나는 이 말에 적극 동의한다. 실제로 나는 사람들 앞에만 서면 머리가 백지장처럼 하얘지는, 일종의 무대공포증이 있다. 이런 내가 여러 사람 앞에서 퍼실리테이션을 하는 방법은, 운전하는 것과 비슷한 '오토 파일럿' 모드를 켜기 때문이다. 운전을 처음 하는 사람이라면 온 정신이 보는 것과 내 몸의 컨트롤에 쏠려서 다른 생각을 하지 못한다. 하지만 어느 정도 운전에 숙련이 되면, 다른 생각을 하거나 핸즈프리 통화를 하면서도 운전이 가능해진다. 내가 선택한 방법은 이런 '숙련'의 방법인데, 미리 모든 시나리오를 짜 놓고 그 시나리오를 외워서 자동화시키는 것이다. 이렇게 하면, 아무리 머릿속이 백지장이 되어도, 혹은 다음 진행 상황이 생각이 나지 않더라도, 내 입이 먼저 진행을 하고 있을 것이다.

이러한 방법의 이점은 중언부언하지 않고, 정확한 퍼실리테이션을 하게 된다는 데에 있다. 즉흥적인 발표자와 달리, 숙련된 퍼실리테이터는 시간 낭비나 말실수를 거의 하지 않는다. 깔끔한 진행이 가능해지는 것이다.

3) 퍼펫용 시나리오와 자동화

이런 자동화를 하려면 모든 것을 글로 써 놓는 것이 중요하다. 내 대본에는 해야 하는 말 외에도, 어디서 숨을 쉴지, 어디서 고개를 들어 눈을 마주칠지, 어떤 말을 강조할지, 느리게 말할지 등 모든 인포메이션이 쓰여 있다. 여기서 나는 그냥 퍼펫 인형이고, 대본에 있는 것만 기계처럼 따라 해도 진행할 수 있어야 한다. 여기서 중요 포인트는, 내가 대본의 내용을 이해하지 못해도, 따라 할 수 있을 만큼의 정보가 있어야 한다는 것이

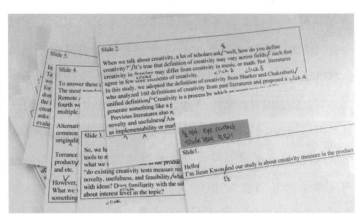

[그림 4-2] 대본 카드 예시

다. [그림 4-2]는 내가 참여했던 콘퍼런스에서 썼던 대본 카드이다. 대본 카드를 보면 말할 내용 외에도, 어디서 숨을 쉴지, 언제 눈을 마주칠지, 어디서 약간의 웃음을 섞을지에 대한 지침이 쓰여 있다. 사람들 앞에 섰을 때 혹시 슬라이드를 다음 페이지로 넘기는 것도 잊어버릴까 봐, 언제 리모컨을 누를지까지 모두 쓰여 있다.

일단 이런 시나리오나 대본이 만들어지면 그다음에는 내 몸이 익힐 때까지 외워 본다. 누가 툭 치면 이 내용이 줄줄 나올 정도로 외우는 것이 중요하다. 이 외에도 퍼실리테이션 중 발생할 수 있는 돌발 상황에 대한 내용도 미리 써 놓고, 그에 대한 나의 반응도 미리 연습하면 좋다. 처음 몇 번은 이렇게 퍼펫용 시나리오를 만들고 진행하면, 점점 담력이 쌓이고 경험이 쌓이면서 이후에는 시나리오 없이도 진행할 수 있게 된다.

결과 예측은 구체적으로

1) 내가 원한 것은 이게 아니잖아!

앞에서 말한 시나리오 만들기와 같은 맥락으로, 결과 예측은 구체적으로 최대한 완벽하게 하는 것이 중요하다. 디자인 싱킹은 문제해결 방법이므로, 언제나 눈으로 볼 수 있는 물리적인 산출물이 나오게 되어 있다. 아이디어가 필요했다면 아이디어가 글이나 그림의 형태로 나올 것이고, 영상 프로토타입이 만들어지거나, 사용자 조사 보고서 같은 것으로 마무리되는 경우도 많다. 대부분의 경우 디자인 싱킹 워크숍 참여자들은 머릿속에 어느 정도 원하는 결과물을 그려서 시작한다. 그런데 이런 다양한 기대가 서로 논의되지 않은 채로 참여하면, 열심히 액티비티를 진행한 후 실망하거나 화가 나는 경우가 생길 수 있다. 나는 다 만들어 놓고 구동까지 되는 앱이 나올 것을 상상하고 디자인 싱킹에 참여했는데, 3일 동안 열심히 아이디어를 내고 액티비티에 참여한 결과가 종이에 그린 앱 화면의 스케치밖에 없다면 얼마나 황당하겠는가. 이 때문에 퍼실리테이터는 디자인 싱킹을 시작하기 전에 어떤 결과물이 어느 정도의 수준으로 나올 수 있을지 미리 상상하고, 고지하는 것이 중요하다.

실제로 IT 계열 조직들에서 디자인 싱킹 워크숍을 진행하다 보면, 다음과 같은 사례가 속출한다. 디자인 싱킹의 '디자인'이라는 말에 디지털 상품의 화면까지 모두 디자인되어 나오는 줄 알고 컨설팅을 의뢰했다가 본인들이 기획한 내용을 고치라는 피드백만 잔뜩 받은 채로 끝나 버리는 것이다. 이전에 디자인 싱킹 워크숍을 진행했던 한 IT 계열 중소기업 대표는 "우리가 왜 돈 주고 사용자 잔소리를 사 온 것인지 이해가 안 됩니다."라고까지 했다. 알고 보니 이 대표는 본인들이 기획하고 있는 상품을 바꿀 생각이 전혀 없고, 디자인 싱킹 컨설팅을 하면 디자인된 화면을 받는 그야말로 '디자인(을 하는) 워크숍'이라고 생각했던 것이다. 즉, 문제해결이 아닌 외주를 기대하고 온 사례였다.

이런 안타까운 상황을 피하려면, 디자인 싱킹을 시작하기에 앞서, 어떤 결과물이 어느 정도 수준으로 나올 것인지 미리 고지하고, 필요하다면 시각적 도구까지 활용하여 예시를 보여 주는 것이 좋다.

2) 첫 번째 황새

고객에게 이렇게 미리 고지하는 것을 목표로 하지 않더라도, 퍼실리테이터는 머릿속에 결과물에 대한 예측이 있어야 한다. 디자인 싱킹은 보통 한두 시간 안에 끝나지 않고, 많은 사람이 모여 장시간 진행되기 때문에 이런저런 액티비티를 하다 보면 그 결과물이 산으로 갈 확률이 높다. 서로 이런저런 이야기를 하다가 뭘 하고 있었는지 잊어버리기도 하고, 해결하려고 한 문제는 A문제였는데 자꾸 얘기하다 보니 B문제가 더 커 보여서 B문제만 해결한 채로 끝나 버릴 수도 있다. 이런 현상을 피하기 위해서 진행자는 단계별 예측을 촘촘하게 해야 한다. 예를 들어, 개발자들에게 화면을 그려 보라고 하는 것과 디자이너들에게 화면을 그려 보라고 하는 것은 완전히 다른 결과물이 나올 것이다. 그런데 이 두 집단이 섞여 있는 조직에서 디자인 싱킹을 진행하면서 화면을 그려 본다고 한다면, 정해진 시간 안에 어느 정도 완성도 높은 화면이 몇 개가 나올 수 있을지, 메뉴는 몇 가지가 만들어질지, 상세 기능까지 정의가 될 수 있을지 등을 먼저 예측한다.

산출물의 숫자와 상세도만 예측하는 데서 끝나면 안 된다. 디자인 싱킹이 공감 후 문제정의, 아이디에이션, 프로토타입 등의 순서대로 진행되는 것을 감안하여 앞에서 어떻게 결과물이 나와야 다음 단계에서 부드럽게 이어질지 상상하며 방향을 잡아 줘야 한다. 예를 들어, 프로토타입 단계에서 영상으로 된 결과물을 만든다고 가정한다면, 앞에 아이디에이션 단계에서 적어도 영상의 흐름과 대사까지는 정의되어야 한다. 만약, 흐름도 제대로 못 짜고 계속해서 장면마다 아이디어만 내고 있다면, 퍼실리테이터가 흐름을 정의한 산출물의 예시를 보여 주면서 끌고 가야 한다는 뜻이다.

이런 의미에서 퍼실리테이터의 역할은 황새 무리의 첫 번째 황새와 같다. 지시만 하지 않고 몸소 어떤 방향으로 가야 하는지 보여 줘야 한다. 양치기 개와는 다른 개념이다. 참여자들을 채찍질하거나 몰아서 가는 것이 아닌, 스스로 가는 길을 보여 주는 것이다.

3) 태도에 대한 예측

디자인 싱킹 퍼실리테이터는 이 때문에, 태도나 창의력에서 도 앞서 나갈 수 있어야 한다. 대형 조직에서 문제해결 워크숍 을 요청하는 경우, 이것이 진짜 '업무적 문제'만을 얘기하는 것 이 아닐 수 있다. 어떤 조직은 해결책을 이미 알고 있는데, 상 위조직이나 임원들이 설득되지 않아서 워크숍을 요청하기도 한다. 이런 경우, 퍼실리테이터의 역할은 산출물을 만들어 내 는 것이 아닌, 두 조직의 화합과 이해이다. 이런 경우, 결과물 의 형태나 숫자보다도 참여자들의 태도를 예측하고, 사람을 다 루는 워크숍을 설계해야 한다. 여기서는 '태도'에 대한 예측이 가장 중요한데, 예를 들어 참여자로 오는 이들이 워크숍에서 거론할 문제에 대해 긍정적인 시각을 가지고 있는지, 부정적인 시각을 가지고 있는지, 어떤 면에서 의심이 있으며 무엇이 마 음에 걸림돌이 될지 등을 예상한다. 그 후 마치 심리상담소처 럼 그 마음을 녹이는 액티비티를 준비해야 한다.

이전에 한 디자인 싱킹 워크숍에서 다음과 같은 경우가 있었 다. 워크숍을 의뢰한 사람은 기획팀장이었는데, 자기 팀이 기 획한 서비스를 개발팀에서 절대 만들지 못한다고 우기고 있었 다는 것이다. 기획팀장은 정확히 특정 기술을 써서 만들지 않 아도 좋으니 어느 정도 협의할 수 있도록 의논하며 만들어 가 고 싶은데, 개발팀에서는 기술의 한계와 인력 부족으로 이를 거부하고 있는 입장이었다. 이렇게 한 조직의 완강한 반대가 있는 경우, 워크숍을 강제로 진행한다고 해도 중간에 핸드폰만 보고 있거나 계속해서 통화하거나, 노트북을 들고 와 업무를 하는 등의 태도를 보일 가능성이 높았다. 이런 경우, 일차적으로는 당연히 개발팀에서 왜 이렇게 완강한 거부를 하고 있는지 알아보고, 그 근본적인 원인을 해결할 수 있도록 하는 것이 당연하다. 하지만 그 원인조차 솔직하게 얘기하지 않는 경우가 더 많기 때문에, 디자인 싱킹 워크숍을 설계할 때 '솔직하게 말할 수 있는 자리'를 만들어 주면서도 '적극적으로 참여하고 말하게 만드는' 액티비티로 채워 넣어 주어야 한다.

이 특정 사례에서 나는 개발팀과 기획팀의 갈등이 가장 먼저 풀려야 한다고 판단하여 문제를 풀기보다는 서로가 친해질 수 있는 게임들 위주로 먼저 준비하였다. 예를 들어, 첫 순서에는 이름도 모르는 상대를 그려 주는 액티비티 그리고 서로 자신의 장단점과 입사 후 걸어온 길에 대하여 소개하는 자리를 가졌다. 그 후에는 모두 섞여서 다양한 재료를 사용하여 사람만 한 빌딩을 만들어 내는 액티비티 등을 진행하면서, 조금 더 몸이 편안해지고 친해질 수 있는 계기를 만들어 주었다. 이런 소셜 액티비티가 진행된 후에, 현재 업무 과정에서의 불편함을 나누며 무엇이 조직 간의 이해와 대화를 힘들게 만드는지에 대한 아이디에이션을 진행했다. 그리고 이 모든 과정이 끝난 후에야 기획팀에서 제안한 서비스를 소개하고 어떻게 만들어 가면 좋을지 협의하기 시작했다. 대화는 순조롭게 흘러갔고, 결과적으로는 한 번의 워크숍만으로 두 조직은 화합을 이룰 수 있었다.

이런 식으로, 디자인 싱킹에서는 무조건 창의력을 강요하기보다는 모두가 편안하게 대화하고 의견을 나눌 수 있도록 그 환경을 만들어 주는 것이 중요하다. 이렇게 잘 짜인 환경에서 나오는 긍정적이고 적극적인 태도가 결국에는 생각을 확장하고 혁신을 일으킬 수 있을 것이다.

5
대화를 시작하는 질문 만들기

1) 질문은 관심의 표현

하루는 친한 여자 후배가 연애상담을 요청해 왔다. 남자친구와 헤어져야 할지 고민이 된다는 내용이었다. 몇 개월 전쯤만 해도 드디어 결혼할 사람을 만난 것 같다며 상견례 날짜를 잡겠다고 얘기하던 그녀가 돌연 헤어짐을 생각하는 것이 이상했다. 물어보니 남자친구가 더 이상 자신에게 관심이 없는 것 같단다. "왜 갑자기 그런 생각이 들었어?"라고 묻자, 그 친구는 "언니. 나는 이 오빠가 좋았던 게 남들처럼 자기 얘기만 하지 않고 내 얘기를 진심으로 들어 줘서였거든? 근데 요즘은 나에 대해 궁금한 게 하나도 없는지, 오늘 뭐 하는지 뭘 먹었는지, 뭘 좋아하는지 질문을 안 해. 맨날 자기 얘기만 하는 걸 보니 관심이 식은 것 같아."라고 하였다.

들어 보니, 그녀는 '질문'을 '관심'과 동일시하는 것 같았다. 생각해 보니 틀린 얘기는 아니다. 우리는 관심이 있으면 그에 대해 더 잘 알고 싶은 마음에 질문을 하니까 말이다.

질문을 하는 것은 상대를 참여하게 만드는 데 아주 강력한 무기가 될 수 있다. 우리는 질문을 받으면 그 질문에 대한 생각에 몰두하느라 다른 생각을 잘 하지 못한다. 또한 평소에 들어 보지 못한 새로운 질문은 독창적인 생각을 할 수 있도록 도와준다. 질문이 나의 개인적인 생각에 대해 물어보는 것이라면 더더욱 몰입도와 상상력을 자극한다. 예를 들어, "새로운 자동차에 대한 아이디어를 내봐."라고 하는 것보다는 "너는 미래에 어떤 자동차가 나왔으면 좋겠어?"라고 묻는 것이 상대를 생각하게 만드는 데 더 효과적이다. 이러한 질문은 다른 누구의 생각이 아닌 '내 생각'에 관심을 갖는 것처럼 느껴진다. 이 때문에 대답하는 사람도, 정해진 답이 아닌 나만의 생각을 성실하게 묘사하게 되고, 그 과정에서 독창성이 발현되는 것이다.

2) 질문의 단계

디자인 싱킹 워크숍을 하다 보면, 대부분의 사람이 자신의 생각에 대한 질문을 받을 때 몰입도가 높아지고 말이 많아진다. 하지만 간혹 질문받는 것을 매우 힘들어하는 사람들이 있다. 지시에 익숙하고 시키는 일을 잘 해내는 모범생 스타일들이 그렇다. 이들은 자신의 생각에 대한 질문을 하면 당황한다. 처음에는 아무도 물어본 적이 없어서 당황하고, 그다음에는 자신이 생각해서 말한 답이 '틀릴까 봐' 조심스러워한다. 진행자 입장에서는 빠르게 진행하는 아이디어 발산 단계에서 가장 어려운 참여자들이다. 이럴 때는 "그래도 생각해 봐!"라고 밀어붙이는 것보다 아이처럼 단계별로 질문을 짜는 것이 더 효과적이다. 자기가 무엇을 좋아하는지 아직 생각해 본 적이 없는 아이에게는 "이 세상 모든 장난감을 가질 수 있다면 뭘 갖고 싶어?"라고 묻는 것보다는 "너는 자동차가 좋아? 아니면 인형이 좋아?"라고 먼저 시작하는 것이 대답하기 쉽다. 즉, 눈높이에 맞는 '보기'를 주는 것이다.

이전에 '신기술을 활용한 새로운 디지털 서비스 개발'에 대한 워크숍을 진행한 적 있다. 이 워크숍에 참여한 이들은 대부분 신입 개발자였는데, 이 워크숍의 목적은 이전에는 없던 새로운 디지털 서비스의 기획이었다. 회사에서는 아이디어가 톡톡 튀는 젊은이들로 팀을 꾸려 신규 서비스 기획을 맡겼지만 몇 개월 동안 이렇다 할 서비스가 기획되지 않자, 디자인 싱킹을 활용한 기획 컨설팅을 의뢰한 것이었다. 나는 이 워크숍에서 '신기술'과 '서비스 고객층' 그리고 '목표'의 보기를 각각 리스트로 만들어 제공했다. 예를 들어, 신기술의 보기에는 국가에서 7대 신기술로 지정한 AI, 블록체인, 3D 프린팅, 로봇, 사물인터넷, 클라우드 등이 리스트에 올라갔고, 서비스 고객층에 대한 보기에는 10~20대, 65세 이상, 미성년자 자녀를 둔 부모, 30대 여성, 시각·청각 장애인 등이 리스트에 올라갔다. 더불어 목표에 대한 보기에는 '일상생활 도와주기' '레저 및 재미 추구' '지식적 배움과 스킬 향상' 등이 리스트에 올라갔다.

그 후, 단계별 질문으로 워크숍 진행을 구성했는데, 예를 들어 다음과 같은 질문들을 순서대로 물어보았다.

- "7개의 기술 중 한 가지 가장 자신 있는 기술을 뽑는다면 무엇일까요?"
- "내가 가장 공감하기 쉬운 고객층은 누구인가요?"
- "새로운 서비스를 만든다면 이 중에서 가장 해 보고 싶은 서비스는 무엇인가요?"
- "앞에서 뽑은 기술을 타깃으로 하는 고객층을 위해 목표를 이룰 수 있는 서비스는 무엇이 있을까요?"

이런 질문들을 따라 워크숍 참여자들은 각자 한 개의 기술, 고객 그리고 목표를 각자 고르고 그에 맞는 서비스를 스토리로 풀어내는 액티비티를 진행했다. 또한 참여자의 수만큼 쌓인 아이디어들 중 투표를 통해 가장 실행 가능하고 독창적인 아이디어를 뽑아 기획안을 작성했다.

3) 수렴의 질문

이런 질문들은 아이디어 발산을 위한 질문이긴 하지만, 그와 동시에 머릿속에 둥둥 떠다니는 수많은 정보를 이어 주는 생각의 수렴을 위한 질문이기도 하다. 질문을 함으로써 너무 많은 가능성을 제한하고, 스스로 통제할 수 있을 만큼의 울타리 안에서 자유롭게 생각할 수 있게 하는 것이다. 실제로 이런 '제한을 통한 창의력'은 디자인공학에서 자주 쓰이는 오래된 기법인데, 연구에 따르면 이런 기법은 모네나 몬드리안 같은 거장들이 무엇을 그릴지 '주제'를 정해 놓고 그 주제 안에서 다양한 형상이나 도구를 써 보는 방법이 발전된 형태이다(Strokes, 2006). 제한은 너무 많거나 적은 경우 창의력을 가감시키는 효과가 있지만, 적당히 두고 사용한다면 창의적인 아이디어 발산에 최고의 도구가 될 수 있다(Onarheim, 2012). 비슷한 개념으로, 구글에서 2004년부터 실행했던 '20%의 시간'이나 3M사의 '15%의 시간'과 같은 규칙이 있다. 이것은 본인의 업무 시간 100% 중 20% 혹은 15%를 본인이 하고 싶은 프로젝트에 참여하여 상품이나 기술을 연구하는 데 쓸 수 있도록 해 주는 제도이다. 이런 제도는 제한된 시간 안에서 자유롭게 아이디어를 탐험하면, 혁신을 일으킬 만한 창의적인 아이디어가 나온다는 것을 인정하며 시작되었다. 이런 제도의 결과로, 전 세계를 직접 가 보지 않아도 여행이 가능하다는 구글 맵스나, 우주를 여행하는 경험을 할 수 있다는 구글 스카이 등이 만들어졌다.

요약하면, 질문은 참여자의 몰입을 높이고 정리되지 않은 금광 같은 머릿속에서 숨겨진 금과 같은 아이디어를 발굴하는 데 최상의 도구이다. 하지만 무턱대고 질문부터 시작하기보다는, 상대의 단계에 맞는 질문을 준비하고, '보기'와 같은 전략으로 방향성을 가진 단계별 질문을 할 수 있어야 한다. 문제는 이런 질문은 하루아침에 만들어지지 않는다는 것이다. 질문도 연습하면 더욱더 정교하고 의도적으로 할 수 있다. 오늘부터 스스로의 머리를 말랑하게 만들어 줄 수 있는 질문 한 개씩 구상해 보는 것은 어떨까? 하루 질문 1개와 답변 1개씩을 연습하다 보면 언젠간 디자인 싱킹 퍼실리테이션의 고수가 되어 있는 자신을 발견할 것이다.

6

도널드 노먼처럼 생각하기

1) 도널드 노먼은 누구인가

인간공학을 전공한 이에게 도널드 노먼(Donald Norman)은 하늘 같은 존재이다. 그는 인지과학자이자 사용자 경험 디자인(UX)의 개념을 처음으로 제시한 사람으로 알려져 있다. 나는 그가 설립한 컨설팅 기업인 '닐슨노먼그룹(N/Ng)'에서 UX 리서치 자격증을 따기도 했는데, 닐슨노먼그룹에서 사용하는 사용자 경험 조사 방법들을 보면 대부분 디자인 싱킹에 근거하고 있다. 도널드 노먼은 디자인 싱킹의 비즈니스화를 처음 시킨 기업 IDEO의 이사이며, 애플의 부사장으로도 재직한 바 있다. 현재 그는 캘리포니아대학교(UCSD)에서 교수로 활동하고 있다.

도널드 노먼은 여러 저서가 있으나, 그중에 가장 대표작으로 뽑히는 것은 『도널드 노먼의 디자인과 인간 심리(Design of Everyday Things)』(박창호 역, 학지사, 2016)이다. 이 책은 여러 대학의 디자인공학이나 인지심리, 인간공학 그리고 산업 디자인과 등에서 교과서로 사용되고 있을 정도로 그 인기가 대단하다. 나 역시 디자인공학을 공부하면서 이 책을 여러 번 읽고 가슴속에 새겼는데, 읽을 때마다 재미있고 새롭다.

이 책의 핵심 내용은 '불편함은 디자인에서 나온다.'라는 것이다. 만약 누군가가 샤워를 하려는데 수도꼭지를 어느 쪽으로 돌려야 따뜻한 물이 나오는지 헷갈린다거나, TV를 켜려고 하는데 리모컨의 어떤 버튼을 눌러야 할지 모르겠다면, 이것은 사용자의 문제가 아니라 직관적이지 못한 디자인의 문제라는 얘기다. 이 책에는 대표적인 예로 당기는 문/미는 문 얘기가 나온다. 언뜻 SNS에서 성격 급한 우리나라 사람들이 가장 못하는 것 중에 하나가 '당기시오'를 못 읽고 모든 문을 밀어서 연다는 글을 본 적이 있다. 그런데 이 책에 따르면, 사실 여기서 문제는 '성질 급한' 사용자가 문제가 아니라 '밀고 싶게 생긴 문'이다. 즉, 당기는 문을 디자인할 것이라면, 직관적으로 보기만 해도 당기고 싶게 만들어야 한다는 것이다. 도널드 노먼은 이런식으로 이 책을 통해서 디자인의 원리와 어떻게 디자인해야 사용자 중심의 혹은 인간 중심의 디자인을 할 수 있을지 논리적으로 설명한다.

2) 불만 가득한 괴팍한 할아버지 기법

미국 캘리포니아주 버클리대학교에 교환 연구원으로 일하던 시절, 나는 도널드 노먼처럼 다양한 사물의 디자인을 분석하려 애썼다. 특히 버클리 연구실에서는 사물 인터넷(Internet of Things: IoT)을 디자인하는 데 디자인 싱킹 기법을 적용하고 있었기에, 나는 기존 IoT들의 디자인에서 무엇이 불편한지 늘 생각하며 다녔다. 머릿속에 이런 생각이 꽉 차 있다 보니 어느새 나는 만나는 사람들마다 내 가전제품이 무엇이 불편한지 얘기하는 징징이가 되어 버렸다. A사 세탁기는 다이얼의 글씨가 너무 작은 게 불편한데, B사 세탁기는 글자가 큰 대신 선택할 수 있는 세탁 종류가 너무 적고, C사 가습기는 불빛이 너무 세고, D사 에어컨은 리모컨이 너무 작아서 어디에 뒀는지 찾을 수가 없다는 등 끊임없이 불평을 하는 사람이 되어 버린 것이다. 내가 하도 불평을 하고 다니니까 한 외국인 친구가 "너는 불만이 가득한 괴팍한 옆집 할아버지 같아."라고 얘기했고, 나는 그 말에 동의했다.

실제로 도널드 노먼의 저서를 보면 인간 중심 디자인이라는 것이 사실은 처음부터 끝까지 불평하는 사용자의 이야기를 들어 주는 것임을 알 수 있다. 즉, 사용자가 말하는 문제를 해결하여 디자인하는 것이야말로 사용자 중심의 디자인이다. 이것은 반대로 말하면, 모든 디자인적 문제의 해결책은 사용자가 가지고 있다는 뜻이다. 어떤 제품이나 서비스를 만들었는데, 이것이 잘 팔리지 않는다면 가장 먼저 사용자에게 물어봐야 한다. 무엇이 불편한지 알 수 있다면, 문제가 정의되고, 문제가 정의되면 해결책을 낼 수 있다. 불만이 많을수록 더 많은 문제를 찾아낼 수 있고, 더 정교하게 설계된 제품이나 서비스를 내놓을 수 있다는 뜻이기도 하다.

3) 불평 끄집어내기

디자인 싱킹 역시 문제해결이 핵심이므로, 이런 불만이 많은 이의 소리를 들어야 한다. 아니, 불만이 없는 사람을 닦달해서 불만이 많은 사람으로 만들어야 한다. 그래야 평소에 보지 못하던 부분을 찾아내서 짚어 내고, 문제인지 몰랐던 부분을 문제로 정의하여 해결할 수 있다. 인간이 적응의 동물이라서 처음에 불편하게 느끼더라도 계속해서 무시하다 보면 나도 모르게 불편함을 감수하고 익숙해져 버리는 것들이 생긴다. 디자인 싱킹을 잘하려면, 참여자들이 익숙하고 편했던 그 일상을 다시 돌아보고 무엇이 문제가 될 수 있는지 다시 생각해 낼 수 있도록 도와주어야 한다. 디자인 싱킹을 통해 사용자들의 불만을 끄집어내야 한다는 것이다.

어떻게 불만을 끄집어내면 좋을까? 우리가 평소에 언제 불평과 불만이 쏟아져 나오는지 생각해 보자. 아마도 감정적으로 격해져 있거나, 무엇인가 불편함이 쌓여 있다가 자극받았을 때가 아닐까? 일단 몸이 너무 편하면 안 된다. 편하게 누워서 그저 지나가는 생각으로는 불만이 잘 떠오르지 않는다. 이 때문에 문제를 찾아내는 문제정의 구간에서는 모두가 일어나서 서 있는 상태로 진행하곤 한다. 또한 문제를 찾아야 하는 시점에서는 사진이나 영상을 주로 이용한다. 문제를 찾아야 하는 그 상황이나 서비스 혹은 제품을 눈앞에 밀어 놓고 시각적으로 자극하는 것이다. 영상이나 제품을 보면서 그 순간을 자세하게 말하게 하기도 한다. 그런 경우, 그때 당시에는 불편하게 생각하지 않았더라도 '지금 와서 생각해 보니 이렇게 했으면 좋았을 걸.' 하는 것들이 떠오른다. 이 모든 불만이나 후회는 문제를 정의하는 자원이 된다. 모두 잘 모아서 이제 해결책으로 넘어가면 되는 것이다.

4) 마무리는 친절하게

불만을 모두 토로한 상태로 해결책 아이디에이션에 들어가면, 생각이 부정적으로 흘러가면서 일시적인 번아웃이 올 수 있다. 앞에서 쏟아놓은 문제점이 너무 많다 보니 모두 해결할 수 없어서 포기하고 싶은 생각이 들 수 있다는 것이다. 이러한 현상을 피하기 위해서는 불만을 쏟아내는 상태에서 벗어나는 액티비티가 필요하다. 즉, 문제정의와 아이디에이션 사이에는 태도와 생각을 긍정적으로 바꿀 수 있는 중간 쿠션이 필요하다는 것이다. 보통 이런 태도 전환에는 간단한 게임이나, 무엇인가를 해결해 낼 수 있다는 자신감을 불어넣어 주는 간단한 만들기 액티비티 등이 효과적이다. 재미있는 놀이를 하면서 다시 긍정적이고 적극적으로 참여할 수 있도록 생각의 길을 터 주자.

제 **5**장

알면서도 못하는
디자인 싱킹:
IDEO는 왜 영업비밀을
다 공개할까

1

디자인 싱킹의 핵심은 적용방법이다

1) 몰라서 못하는 게 아니야

디자인 싱킹을 적용하여 다수의 혁신기업을 창출해 낸 IDEO 사는 그들이 활용하는 디자인 싱킹 기법을 그들의 홈페이지와 책에서 공개한다. 특히 디자인 싱킹을 처음 접하는 사람들도 활용할 수 있는 워크숍 템플릿, 디자인 싱킹 이론에 대한 자세한 설명, 그리고 추천 액티비티 등은 검색만 하면 쉽게 찾을 수 있다. 더 나아가 디자인 싱킹을 직접 해 보는 온라인 스쿨까지 있는데, 무료로 제공되는 부분들도 상당수 있다. IDEO 말고도 많은 컨설팅 회사는 자신들의 컨설팅 모델과 그 방법론을 공개하고 있다. 예를 들어, 딜로이트의 그린닷(Green Dot)은 자신들의 디자인 싱킹 프로세스를 영상으로 만들어 누구나 볼 수 있도록 공개해 놨고, IBM 같은 경우 무료강좌가 그들의 온라인 스쿨에 올라와 있다. 언뜻 생각해 보면, '이 회사들이 그들의 영업비밀을 이렇게 쉽게 알려 줘도 될까?' 하는 의문이 든다. '설마 그냥 수박 겉 핥기 식으로 만든 내용들이겠지!' 싶은 마음으로 그들의 강좌를 수강해 보았는데, 실제로 디자인 싱킹을 실무에서 활용하고 있는 실무진이 나와서 강의하고, 또 어떤 식으로 업무를 하는지를 보여 주는 등 그 수준이 상당히 높았다. 디자인 싱킹의 핵심에 대해 잘 다루고 있고, 관련 과제나 액티비티도 꽤나 정교하게 짜여 있어서, 기업이나 학교에서 디자인 싱킹을 배울 때 그대로 가져다 써도 될 정도였다. 즉, 세상에는 생각보다 많은 디자인 싱킹에 대한 자료와 지식이 있고, 누구나 쉽게 접근할 수 있도록 그 진입 장벽이 낮다는 것을 알 수 있다. 결국 몰라서 못하는 것이 아니라는 뜻이다.

2) 내부의 적

실제로, 이러한 디자인 싱킹에 관심을 가지고 현업에 적용하려는 움직임들이 많아지고 있다. 하지만 현장에서 디자인 싱킹을 활용하여 창업을 하거나, 기업에서 큰 효과를 보았다는 경우를 많이 접하지는 못한다. 나는 그 이유로 크게 두 가지를 뽑는데, 첫째는 디자인 싱킹을 받아들이기 힘든 위계제도적 조직문화이고, 둘째는 교육 기반의 디자인 싱킹 적용방법이다. 먼저, 위계제도적 조직문화는 사실 디자인 싱킹의 뿌리에 정확하게 반대되는 문화로, 모든 업무가 위에서 아래로 떨어지는 폭포수 모델의 업무 프로세스에 걸맞은 문화이다. 폭포수 모델은 특히 제조업 기반의 조직들에서 유용하게 쓰여 왔으며, 최근 시스템 개발 프로세스에서도 쓰이는 업무 프로세스이다 보니, 제조업 기반으로 다져지고 시스템 개발에 최적화되어 있는 우리나라의 대형 조직들은 이런 위계제도가 상당히 탄탄하게 잡혀 있다. 이와는 반대로 디자인 싱킹은 수평적 문화에서 모든 조직원이 불편함 없이 자신의 아이디어를 낼 수 있어야 하는데, 특정 조직이 먼저 아이디어를 내고 다음 조직이 받아서 개발하는 등 아이디어를 차례대로 발전시키는 폭포수 프로세스에서는 이것이 쉽지 않다. 또한 폭포수 프로세스에서는 상위조직의 어떤 업무가 완성되고 승인되어야 다음으로 넘어갈 수 있는데, 디자인 싱킹은 다음으로 넘어간 후에도 끊임없이 의견을 받고 변화를 요구하기 때문에 사실 위아래가 있는 위계제도에서 디자인 싱킹은 여간 귀찮은 방법이 아닐 수 없다. 결국 디자인 싱킹의 효과를 막는 것은 내부의 적인데, 이는 쉽게 제거할 수 없는 내부의 적이다.

다음으로, 교육기반의 디자인 싱킹이란 실제로 디자인 싱킹을 해 보는 것이 아니라 이론적인 것을 가르치고 형식을 얘기하는 것이다. "우리 조직은 디자인 싱킹을 도입했어!"라는 말이 사실은 그저 디자인 싱킹 강좌를 몇 개 보여 주고, 몇 번 모여서 연습예제를 해 보는 정도에서 그치는 것이다. 이렇게 지식만 알려 주고 실제로 업무에서 필요한 문제해결을 할 때 알아서 하라는 것은 결국 방임적 방법으로, 디자인 싱킹 도입에는 최대 적이 될 수 있다.

3) 차선책

디자인 싱킹은 명시적 기억이 아닌 암묵적 기억, 즉 비서술형 기억으로 적용된다. 지식이 아니라 경험이라는 뜻이다. 이 때문에 앞에서 말한 지식을 알려 주는 형식으로는 제대로 업무에 적용해 활용할 수가 없다.

그렇다면 우리나라의 많은 조직에서는 디자인 싱킹을 어떻게 적용하는 것이 좋을까? 큰 조직에서 디자인 싱킹을 적용하기 어렵다면, 작은 단위에서부터 시작하면 된다. 처음에는 개인으로, 그 후에는 두세 명의 미팅에서, 그리고 각자의 팀에서 등 가장 작은 단위에서 시작해서 확장해 나가는 방법도 있다. 중요한 것은 여느 기술처럼 실전 경험을 쌓아 가는 것이다. 마치 자전거 배우기처럼 기본 지식 몇 가지만 가지고, 일단 도로에서 주행해 보는 것이 중요하다. 한 번이라도 페달을 밟으면, 멈추게 되더라도 그다음에는 페달을 두 번 밟고, 그다음에는 몇 미터씩 갈 수 있다. 이와 비슷하게 개인 단위의 작은 문제라도, 방법을 적용해서 문제를 풀어 보는 경험을 해 보는 것이다. 한 번 문제를 풀어 보면 그다음에는 조금 더 복잡한 문제를 푸는 데 적용해 볼 수 있다. 결국 '사악한 문제'는 작은 여러 개의 문제들이 쌓여서 일어나는 일이기 때문에, 이렇게 실마리를 한 개씩 찾아 풀어 보는 연습을 하면 언젠가 큰 문제도 푸는 날이 온다.

제5장 알면서도 못하는 디자인 싱킹: IDEO는 왜 영업비밀을 다 공개할까

4) 더 좋은 방법

앞에서의 내용은 어디까지나 내가 조직의 밑단에 있을 때의 이야기이다. 내가 조직의 리더라면, 더 좋은 방법은 디자인 싱킹을 써 보도록 강제하는 것이다. 수평적인 문화를 만드는 것에 실패했거나 혹은 잘 풀리지 않는 문제를 디자인 싱킹을 활용해서 풀어 보고 싶다면 이것이 가장 간단하다. 시간과 조직을 정하고, 특정 문제를 풀기 위해 디자인 싱킹을 써 보라고 지시하는 것이다. 언뜻 생각하면 상당히 모순적인 방법이 아닐 수 없다. 수평적이고 평화롭게 큰 문제를 해결하기 위해 쓰는 디자인 싱킹을 수직적이고 강제적으로 적용시키다니. 하지만 실제로 나는 이런 식으로 적용하여 성공한 사례들을 많이 보았다.

우리나라의 위계질서는 특정 조직의 문화라기보다는 우리의 DNA 속에 박혀 있는 유교 질서와도 큰 관련이 있다. 이 때문에 개인들이 아무리 그렇게 하지 않으려고 노력해도 저절로 상사 앞에서는 조심스러워지고, 또 자신의 생각을 입 밖으로 내지 않으며, 다른 이들의 의견을 존중하는 태도를 보이게 된다. 더군다나 남의 시선이 중요한 우리나라의 현대 문화에서는 "마음껏 아이디어를 내봐!"라고 하지만, 다른 이들의 시선과 생각에 집중하느라 그것이 쉽지 않다. 이것을 깨고 나오는 데에는 명분을 주어야 하는데, 이 명분을 윗사람이 준다면 더할 나위 없이 좋다. "오늘부터 우리는 디자인 싱킹을 활용해서 이 문제를 풀어 봅시다."라고 말하라. 그리고 그 효과를 믿어 보라. 디자인 싱킹을 안 써 본 조직은 있어도, 한 번만 써 본 조직은 없다. 이렇게 해서라도 한 번 제대로 된 디자인 싱킹을 활용한 문제 해결을 경험한다면, 업무의 지평이 바뀌는 경험을 할 것이다.

퍼실리테이션에 적합한 인재상은 따로 있다

1) 성격에 맞는 일

몇 년 전, 열심히 교수 임용을 준비하면서 함께한 친구가 있었다. 나와 박사 학위도 비슷한 시기에 따고, 회사 실무 경험이 1년 정도 있는 친구였다. 이 친구는 지원을 두세 군데밖에 안 했었는데, 갑자기 국공립 대학에 임용이 되어 버렸다. 디자인 분야에서는 교수 자리도 잘 나지 않는 데다가, 이렇게 젊고 경험 없는 박사가 임용되는 것은 참 드문 일이었다. 나를 포함한 주변인들은 이 기쁜 소식에 모두 모여 축하파티를 성대하게 해 주었다. "이제 시작이니, 앞으로 탄탄대로가 열릴 거야!" "이렇게 빠르게 임용되다니 정말 대단하다!"라며 축하해 주었고, 그 친구도 앞으로는 자기 실력을 마음껏 펼치고, 하고 싶은 연구도 마음껏 할 수 있겠다며 좋아했다. 친구는 참으로 학자였다.

그는 평소에도 머릿속에 연구밖에 들어 있지 않아서, 친구들과의 사적인 자리에서도 본인의 연구 얘기를 하느라 바빴다. 누가 시키지 않아도 새벽부터 밤까지 논문을 찾아보고 글을 쓰곤 했고, 심지어 스트레스를 받으면 그것을 연구에 몰입함으로써 푸는 사람이었다. 학교에 가면 아마도 물 만난 물고기처럼 활개를 칠 수 있을 것 같았다.

그렇게 임용이 되고 잘 지내는 줄 알았는데, 2년도 안 되어 갑자기 교수를 그만두었다는 소식을 들었다. 그만두고 지방소재의 연구소로 들어갔다는 것이다. 그렇게 되기 힘들다는 교수임용이 되었는데, 왜 그만두고 갔을까. 오랜만에 연락해서 조심스럽게 물어본 나에게 그는 뜻밖의 이야기를 했다.

"가르치는 게 너무 힘들어."

그는 본인이 무대공포증이 있는 것 같다고 했다. 학생들 앞에만 서면 너무 떨리고 머리가 하얘진다는 것이었다. 교수가 되면 연구 외에도 수업을 진행해야 하는데, 매주 적어도 두 번은 있는 그 수업시간을 견딜 수가 없었다고 했다. 심지어 코로나19 시기라서 모든 수업이 줌(Zoom)으로 진행되었는데도 말이다. 수업하는 날이 되면, 그 전날부터 가슴이 두근거리고 자기를 쳐다보고 있는 학생들이 싫었다고 한다. 이상한 점은 그전에 다른 교수가 만든 수업에서 조교나 강사를 할 때는 그렇게 느껴지지 않았는데 이제 자신이 만든 강의 자료로 강의를 하게 되니 너무 두렵고 싫었다는 것이다. 시간이 지나면 익숙

해질 것이라고 생각했던 강의가 나중에는 점점 더 두려운 일이
되어 잠도 못자고 연구도 제대로 할 수 없게 되었다고 한다. 지
금은 교수직을 그만두고 연구만 하는 연구원으로 행복하게 지
내고 있다.

아무리 좋은 직업이라도, 이렇게 성격에 맞지 않으면 못한다.
디자인 싱킹 역시 마찬가지다. 아무리 혁신을 일으키고 조직을
탈바꿈시키는 일이라고는 해도, 성격에 맞지 않으면 못한다.

실제로 퍼실리테이션 교과서로도 사용되고 있는 오우식 저
자의 『퍼실리테이션 개론(Facilitation A to Z)』에 나오는 퍼실리
테이터의 '역량 수준 자가 진단표'를 보면 다음과 같은 항목들
이 있다.

- (7번) 고객과 우호적 협력 관계를 형성하면서 기대하는 바
  를 달성해 가는 방법을 터득하고 있다.
- (12번) 그룹의 활기찬 에너지를 북돋고 창의적 사고를 장
  려한다.
- (24번) 집단의 여건이나 문화적 특징을 잘 이해하고 이를
  설계에 잘 반영한다.

앞의 내용들을 보면, 퍼실리테이터는 사회적인 눈치가 빠르
고 즉흥적으로 분위기에 잘 반응하는 역량을 보유해야 한다고
말하고 있다. 즉, 이것은 그저 이론적으로 배워서 하는 것보다

제5장 알면서도 못하는 디자인 싱킹: IDEO는 왜 영업비밀을 다 공개할까

훨씬 더 복잡한 일이라는 것을 암시한다.

오우식 저자는 조직 내에 대화를 지원하고, 의견을 조율하는 등 조직개발에 필요한 역량을 키워 주며 교육프로그램을 제공하는 KOOFA Global OD의 대표이다. 그는 특히 인사조직 전문가나 CEO 등을 상대로 조직의 변화를 위한 커뮤니케이션 방법 등을 가르치는데, 그가 개발한 퍼실리테이션 PASAQUADE 모델은 디자인 싱킹을 활용한 아이디에이션에도 유용하게 활용할 수 있다. 그의 모델을 살펴보면 다음과 같이 요약할 수 있다(오우식, 2023).

1. Purpose(목적): 조직의 공동 목적을 명확하게 정의할 것
2. Acclimatize(조성): 참여자들이 몰입하고 시너지를 낼 수 있도록 시간, 장소, 도구 등을 활용하여 참여적 분위기를 조성할 것
3. Surface(표출): 참여자들이 가지고 있는 정보, 지식, 이슈, 걱정 등을 포스트잇 같은 도구를 활용하여 밖으로 꺼내도록 도와줄 것
4. Arrange(정렬): 꺼내어진 아이디어들을 인과관계나 절차 등에 따라 보기 쉽게 정렬할 것
5. Quest(탐색): 정렬한 곳에서 어떤 인사이트를 얻을 수 있는지 질문하고 생각할 것
6. Assess(평가): 최종 의사결정을 위해 평가기준을 정의하고

합의할 것

7. Decision(결정): 제시된 대안을 최종 선택할 것
8. Execute(실행): 합의된 의사결정을 책임과 기한을 가지고 실행할 것

여기에서 특히 이론으로 배우기 어려운 부분은 2번 '조성'으로, 앞에서 수업시간에 무대 앞에 서는 것을 극도로 무서워했던 나의 동료가 가장 어려워한 부분이다. 글로 보기에는 분위기를 조성하는 것이 간단한 일처럼 보이나, 이 행위에는 자신의 표정과 몸짓, 사용하는 말투나 참여도를 높이는 매력 등이 모두 포함되기 때문에 며칠, 몇 시간의 준비로는 쉽게 할 수 없는 부분이다. 이 때문에 내가 디자인 싱킹 퍼실리테이터로서의 역할을 잘 감당할 수 있는지 자가 평가를 해 보고, 참여자로서 더 잘할 수 있다면 퍼실리테이터를 따로 구하는 방법도 생각해 봐야 한다.

2) 사교적 외톨이: 퍼실리테이터

퍼실리테이터의 일이라는 것이 그렇다. 퍼실리테이터는 무대에 서는 일이면서도, 참여자 한 명 한 명과 상호작용하며 사람을 움직이는 일이다. 자신의 생각이나 감정은 숨기고, 연극에 가까운 사회를 보면서 가지각색의 배경과 문제를 가지고 있

는 성인들을 다루는 일인 것이다. 마치 연극을 하는 상담사가 전략 컨설팅을 하는 것과 같다. 이 때문에 사람들 앞에 나서는 것을 두려워하거나, 반대로 자신의 생각을 나누는 것을 다른 이의 생각을 듣는 것보다 더 즐겨 하는 사람이라면 퍼실리테이터는 맞지 않을 수 있다. 더군다나 디자인 싱킹 퍼실리테이터는 결과물에 대한 크레디트(인정)를 가져가지 못한다. 퍼실리테이터는 각 프로젝트마다 그 결과를 예측하고, 정교하게 방향을 설계하여 프로젝트를 이끌어 가야 하지만, 결과적으로 이렇게 나온 결과물은 참여자들의 것이 된다. 즉, 프로젝트를 진행할 때는 그 누구보다 앞장서서 생각하고 만들어 내야 하지만, 프로젝트가 끝난 후에는 아무도 기억하지 못하는 사회자가 된다. 그 이름은 프로젝트에 올라가지도 못하며, 다른 컨설턴트들과 비슷하게 대부분의 경우 비밀유지 서약으로 인해 본인의 포트폴리오에 어떤 내용의 디자인 싱킹을 진행했는지 거론할 수 없다.

이런 디자인 싱킹 퍼실리테이터의 모순적인 특징 때문에 이 일을 꺼려 하는 사람도 많다. 디자인 싱킹을 전문적으로 하겠다는 사람이 아니면, 자초해서 퍼실리테이터를 하고 싶어 하지는 않을 것이다. 그러다 보니 해외에서도 국내에서도 디자인 싱킹으로 프로젝트를 풀어 가려면, 내부적으로 실행하지 못하고 대부분 디자인 싱킹 컨설팅을 해 주는 외부 업체에 맡기거나 혹은 회사 내에 디자인 싱킹을 전문적으로 하는 조직에게

맡긴다. 이것이 디자인 싱킹이 '누구나, 아무 때나' 할 수 있다고 얘기하지만 실제로는 그렇지 못하는 이유이다.

3) 상시 교육

하지만 이렇게 외부 업체에 맡기게 되면 비용이 발생한다. 사실 우리 조직 내에서도 충분히 할 수 있는 일인데 비용까지 내면서 맡기는 것은 망설이게 될 것이다. 이 문제를 해결하려면, 디자인 싱킹을 상시로 교육시키는 수밖에 없다. 즉, 조직원들이 언제 어디서나 디자인 싱킹을 통해 문제를 해결할 수 있도록 평소에 디자인 싱킹에 대해 관심을 갖도록 이야기하고, 교육을 시키고 또 누구나 퍼실리테이션을 할 수 있도록 한다. 만약 이것이 가능하다면, 혁신을 일으키는 효과적인 문제해결법을 상시로 사용할 수 있는 아주 능력 있는 조직이 될 것이다.

그렇다면 어떤 교육을 상시로 실시해야 할까?

첫째, 디자인 싱킹이 무엇인지에 대한 이론적인 교육이 필요하다. 이것은 IDEO의 창립자 켈리 형제가 쓴 책을 한 권 읽거나 혹은 짧은 유튜브 영상 하나만으로 충분하다. 우리가 앞으로 활용해 보려는 디자인 싱킹이라는 방법론이 무엇이며, 얼마나 효과적인지 지식적으로 아는 것에서부터 시작한다.

둘째, 앞 장에서 이야기한 것처럼 작은 것에 적용해 보는 것인데, 예를 들어 팀 미팅에서 점심 메뉴를 고르거나 혹은 조직

제5장 알면서도 못하는 디자인 싱킹: IDEO는 왜 영업비밀을 다 공개할까

문화를 만드는 등 작은 문제해결에 적용부터 해 보는 것이다. 디자인 싱킹은 경험해 보는 것이 가장 중요하므로 이런 식으로 서서히 모두에게 사용 경험을 만들어 준다.

셋째, 돌아가면서 퍼실리테이션을 해 본다. 퍼실리테이션이라고 해도 특별히 준비할 것은 없다. 그저 프로젝트 매니저나 디렉터, 팀장 등의 직책을 가진 사람들뿐만 아니라, 모든 조직원이 한 번씩 미팅을 이끌어 보는 것이다. 이것은 의외로, 다른 이들의 성격과 생각을 알 수 있는 아주 좋은 시도가 될 것이다.

이렇게 상시로 작은 문제들부터 디자인 싱킹을 활용해 본다면, 나중에 더 큰 '사악한 문제'를 만났을 때 당황하지 않고 부드럽게 풀어 갈 수 있는 조직으로 탈바꿈할 것이다.

세뇌의 기술: DT는 주입식 교육이다?

1) 할 수 있다는 생각

나는 대학생 때부터 15년째 본업 외에 꾸준히 해 오는 것이 있다. 바로 진로 컨설팅이다. 대학생 때 같은 대학 친구의 권유로 청담어학원 영어캠프에 강사로 참여한 이후에 초등학생부터 석사 대학원생까지 수백 명의 학생을 맡아 진로상담 및 자소서 과외를 해 주고 있다. 어린 시절 한국에서 예중과 예고를 준비하며 이른 입시를 경험했고, 이후 프랑스와 미국에서 대학을 준비했으며, 아이비리그와 서울대학교 경영대 그리고 최종적으로 공학박사를 받고 대기업과 학교를 모두 경험한 것이 도움이 되었다. 특히 나는 여러 곳에 살면서 많은 종류의 사람을 만나고, 세상에서 인생을 만들어 나가는 길은 아주 다양하다는 것을 알기에 진로상담을 해 주면서 더 넓고 다양하게 권유하는 편이다. 내가 상담한 학생들 중에는 BTS의 팬픽(팬 픽션)으로 미국 대학에 포트폴리오를 낸 친구도 있는가 하면, 2.8/4.5의 내신으로 서울대학교 의학대학원에 합격한 친구도 있다. 나의 역할은 학생들이 가져오는 다양한 배경을 듣고, 그중 그들만의 장점이 될 만한 것을 찾아 글로 풀어 주는 것이다. 가지각색의 매력을 가진 이들의 이야기를 듣는 것도 재미있고, 또 원하는 진로를 찾아 주고 그것을 쟁취할 수 있도록 설계해 주는 일은 늘 즐겁다.

그런데 이렇게 수많은 학생을 코칭하면서 한 가지 공통적인 면을 발견했다. 바로 '주눅들어 있다'라는 것이다. 그 이유를 나름 생각해 봤다. 나를 찾아오는 대부분의 사람은 유학생이라 해외생활하면서 항상 소수민족이거나 말이 안 통해서 자신감이 결여되어 있는 것일까? 아니면 겸손이 미덕인 우리나라의 문화 때문인가? 참 많이 고민해 봤는데, 정확한 이유는 아직 잘 모르겠다. 학생들이 특히 자주 하는 말이 있다. "제가 할 수 있을까요?"라는 말이다. 미국 학생들을 가르칠 때는 잘 들을 수 없는 말인데, 유독 한국 학생들을 만나면 자주 듣는 말이다. 나는 이들에게 "당연히 할 수 있지." "네가 아니면 누가 해?" "하고 싶은 게 뭔지 확실히 알기만 하면 충분히 이룰 수 있어."라고 얘기해 주곤 한다. 이런 얘기를 해 줄 때마다 많은 학생의 눈빛이 달라짐을 느낀다. 의심으로 가득 찬 주눅 들어 있던 눈이 반짝반짝 빛이 나며, 심장이 쿵쾅거리는 소리를 들을 수 있을 것만 같다.

그리고 그들은 대부분 해낸다. 젊음이 무엇인가? 눌려 있는 자신감 아래 숨겨져 있던 잠재적 에너지는 엄청나다. 방향과 할 일을 가르쳐 주면 해낼 수 있는 열정과 체력을 그들이 가지고 있다는 것이다. 나는 어딘가 지원을 할 경우 자소서나 포트폴리오 첨삭도 진행하지만, 사실 내가 이들에게 해 주는 가장 큰 일은 바로 '세뇌'라고 생각한다. 바로 '할 수 있다'는 세뇌이다. 많은 이가 자신의 진로에서 다음 단계를 고민할 때, '갈 수 없는 길'과 '갈 수 있는 길'을 나누고는 갈 수 없는 길은 아예 생각도 안하는 경우가 많다. 여기서 나는 '갈 수 없는 길'은 없으며, 원하는 것이 무엇인지 정확히 정의할 수 있으면 다 이룰 수 있다고 반복적으로 얘기해 준다. 이렇게 그림이라곤 한 번도 그려본 적 없는 이가 6개월 준비 끝에 미술로 영국 최고의 대학에 가고, 타인과 눈 마주치기도 어려워하는 학생이 대기업 영업사원이 되기도 했다. "나 혼자서는 못할 것 같아."라고 말한 친구가 지금은 어엿한 사장이 되어 개인 숍을 차리기도 했다.

2) 나는 창의적이다

어떤 면에서 진로 컨설팅과 디자인 싱킹은 매우 닮아 있다. 디자인 싱킹은 잠재되어 있는 생각을 깨우고, 본인이 가지고 있는지도 몰랐던 창의성을 폭발적으로 발휘해야 한다. 또한 모든 가능성에 열려 있는 마음으로 참여하여 이전에 없던 해결책과 미래 방향을 그려 내는 방법론이다. 그런데 디자인 싱킹을 경험하기 전에 많은 참여자가 풀리지 않은 문제 때문에 낙심하고, 의심하고, 주눅이 든 상태에서 마지막 '밑져야 본전'의 마음으로 디자인 싱킹에 들어오곤 한다. 이런 갇혀 있는 생각으로는 아무리 좋은 프로그램이더라도 아이디어를 내고 문제를 해결해 나가는 것에는 한계가 있다. 좋은 아이디어가 나와도, 자기 자신에 대한 의심 때문에 이 아이디어를 좋은 아이디어라고 인지하지 못하기도 한다. 그 결과, 디자인 싱킹의 초입에는 항상 참여자들 스스로가 창의적이며 혁신을 불러일으킬 수 있다고 믿게 해 주는 세뇌 작업이 필요하다.

이러한 세뇌 작업은 일단 반복적인 자기 최면으로 시작된다. '나는 창의적이다.'라고 믿을 수 있도록 직접적인 말로 얘기해 준다. 예를 들어, "여기에 계신 분들은 몇 백 대 일의 경쟁을 뚫고 뽑혀서 오신 창의적인 그룹이다." 또는 "시작하기 전

제5장 알면서도 못하는 디자인 싱킹: IDEO는 왜 영업비밀을 다 공개할까

에 잠시 얘기를 해 보니, 오늘 정말 창의적인 분들만 모인 것 같다." 등의 말로 시작한다. '이런 입에 발린 말이 먹힐까?'라는 생각이 들 수 있지만, 의외로 이 방법이 가장 효과적이다. 디자인 싱킹은 소수의 인원이 정해진 장소에서 진행되는 '닫힌 워크숍(closed workshop)'이기 때문에, 이러한 말들이 더 신빙성 있게 들린다. 이 그룹은 정말 창의적이라는 말에 자신감이 붙고 더 적극적으로 아이디어를 나눌 수 있게 되는 것이다.

직접 말로 표현한 후에는 작은 액티비티들을 통해 작은 성공을 경험하게 해 준다. 이것은 5분짜리 게임이나 퍼즐처럼 정해진 미션을 수행할 수 있는 액티비티로 충분하다. 이런 과정들은 아이들이 '자기주도적 학습'을 할 수 있도록 도와주는 과정과 비슷하다. 작은 목표를 주고 스스로 풀게 한 후 거기에서 오는 작은 만족감들을 계속해서 경험하게 해 주는 것이다. 이렇게 몇 번의 액티비티 후에는, 스스로 디자인 싱킹을 잘할 수 있다는 자신감 그리고 오늘 이렇게 모여 문제를 풀 수 있다는 확신으로 가득 차게 된다. 이런 확신은 숨겨진 에너지를 꺼내게 만들고, 이렇게 여러 사람의 에너지 박스가 열리면서 그동안 풀리지 않던 문제를 박살 낼 수 있게 해 준다.

결국 안 보이는 것들이 차이를 만든다

1) 매력적인 방법론, 하지만 경험이 중요하다!

디자인 싱킹이 상품 컨설팅을 해 주는 한 회사에서 시작하여 전 세계로 뻗어 나가서 이제는 IT 업계와 교육 분야에까지 적용하려 드는 것은, 이것이 어쨌든 간에 매력적인 방법론임을 말해 준다. 디자인 싱킹은 그저 좋은 생각이 나게 해 주는 도구를 넘어서서, 개인들이 가지고 있는지 몰랐던 내면 세계를 잠금해제시키고 창의력을 폭발적으로 발산시켜 주며, 그런 능력들이 모여 집단 단위의 파괴적 혁신을 만들어 낼 수 있도록 해 준다. 60년 이상 워너브라더스에서 300편 이상의 애니메이션을 만든 척 존스(Chuck Jones) 감독은 디자인 싱킹을 하는 사람을 양자 물리학자에 비유했다고 한다. 그 이유는 디자인 싱킹을 하는 사람은 제한이나 한계가 없이 상상 속의 것들을 모두 만들어 낼 수 있기 때문이라고 했다(한혜진, 2021).

하지만 이렇게 초인적 능력을 줄 수 있는 매력적인 방법론이 적용하는 허들이 높아 아무도 쓰지 못한다면 그 얼마나 안타까운 일인가.

2021년 여름, 첫 회사를 퇴사하고 얼마 되지 않아 알고 지내던 의료서비스 컨설팅 회사 대표에게서 연락이 왔다. 서울시 디자인재단과 함께 일하고 있는데, 서비스 디자이너가 되고 싶어 하는 청년들에게 디자인 싱킹과 관련한 일련의 강의를 해줄 수 있는지 물어보았다. 백수가 익숙하지 않았던 나는 단숨에 승낙했고 바로 12편의 강의를 준비하기 시작했다. 코로나로 인해 모든 강의는 실시간 줌이나 녹화로 진행되었지만, 나는 아주 즐거운 시간을 보냈다. 2시간씩 12편이나 되는 강의를 모두 디자인 싱킹과 관련된 내용으로 채우려니, 그동안 하고 싶었던 액티비티를 모두 할 수 있었다. 내용은 다양한 배경의 청년들을 위한 것이었지만, 서비스 디자이너를 양성하는 프로그램의 일부였기 때문에, 최대한 온·오프라인 서비스 디자인 기획을 중심으로 진행하였다.

그런데 수업이 끝난 후, 상당히 의외의 곳들에서 연락이 왔다. 한번은 K대학 공학과에서 연락이 와서 디자인 싱킹 특강을 부탁하더니, 그다음에는 다른 대학의 특수교육과에서 연락이 왔고, 웹소설을 쓰고 있는 작가에게서도 연락이 왔다. 다양한 분야였지만 하나같이 문의하는 것이 동일했다. 바로 디자인 싱킹을 적용한 아이디에이션이었다. 아이디에이션은 사실 현재 나와 있는 책들이나 유튜브로 조금만 공부해도 할 수 있는 부분이다. 그런데 이렇게 많은 사람이 찾고 있고, 많은 방법론 책이 쏟아져 나오는데, 아직도 디자인 싱킹 강사 찾기가 어렵다고 한다. 그 이유로 디자인 싱킹에 관심이 있는 사람들은 많지만, 실제로 디자인 싱킹을 활용해서 문제를 풀어 본 경험이 있는 사람은 별로 없다는 것이었다. 방법을 알아도 경험이 없으니 선뜻 해 보지도, 포기하지도 못하는 상황의 이들이 많다.

2) 뭐든지 단순하게

디자인 싱킹을 알면서도 해 보지 못하는 큰 이유 중 하나는 디자인 싱킹을 너무 복잡하게 생각하는 데 있다. 5단계, 3단계 혹은 2단계 등 다양한 모델이 있고, 각 모델들은 '발산' '수렴'과 같은 뭔지는 알지만 실제로 해 보기는 어려운 단어들로 가득 차 있다. 하지만 디자인 싱킹의 핵심은 '단순한 생각의 합'이다. 즉, 아이디어를 내면서 머리가 복잡하고 문제를 푸는 과정에서 스트레스를 받고 있다면 그것은 디자인 싱킹을 제대로 적용하고 있지 않을 가능성이 높다. 디자인 싱킹을 활용한 문제해결은 마치 여러 개의 짧은 실로 이루어진 큰 실타래를 풀어내는 것과 같다. 한 번에 처음부터 끝까지 풀어낸다기보다는, 눈에 보이는 몇 개의 실타래의 끝을 찾아 한 개씩 해결해야 한다. 이렇게 작은 문제들을 한 개씩 풀다 보면 결국 큰 실타래를 모두 풀어헤치는 날이 올 것이다.

최근 대기업들과 교육 분야에서도 활발하게 디자인 싱킹을 활용해서 컨설팅을 하고 있는 교수님이자 회사를 운영 중인 대표님 한 분을 만나 디자인 싱킹의 매력에 대해 이야기를 나누었는데, 그분의 가장 존경하는 철학자가 『이솝우화』를 쓴 이솝이라는 이야기를 들었다. 다른 철학자들이 복잡하고 어렵게 했던 이야기를 누구나 알아들을 수 있는 간단한 이야기로 풀어 쓴 이솝이야말로 실력 있는 문제해결사였다는 것이다. 디자인 싱킹에서 요구하는 기술은 바로 이런 단순화이다. 복잡한 문제를 알기 쉽고, 누구나 이해할 수 있는 문장으로 정의하는 것이 제대로 된 문제해결의 첫 단추이다.

3) 그리고 다르게

앞서 대표님의 이야기를 듣고 이솝의 배경을 찾아보았는데, 재미있는 사실들을 알게 되었다. 일리노이대학교에서 정리한 이솝의 일생을 보면, 이솝은 약 2,600년 전 그리스에서 600여 가지의 이야기를 쓴 작가였지만, 그는 노예이자 말을 못하는 사람으로 '벙어리 이솝'이라고 불렸다고 한다. 그는 외모가 특이하여 놀림을 받았다고 하는데, 혹자는 그가 꼽추이며 목소리가 아주 특이하여 대중은 "그의 이야기를 듣기도 전에 웃었다." 라고도 했다. 그는 자신을 낙타에 비유한 우화를 만들어 노예상인의 눈에 들었는데, 그 내용을 들여다보면 낙타처럼 이상하게 생긴 자신이지만, 한참 보면 낙타처럼 익숙해지며 사막에서 최고의 친구가 될 것이라는 이야기였다. 이 이야기를 들은 노예상인은 이솝을 마음에 들어 해서 그를 사들였고, 덕분에 이숍은 본래 괴로웠던 전 주인에게서 탈출할 수 있었다고 한다(손경순, 2021. 1. 12.). 이것을 보니 디자인 싱커로서 이숍에게 배울 점이 많을 것 같다는 생각이 들었다. 이 일화에서만 보면, 이숍은 자신의 약점에 대한 시선을 아주 살짝 비틀면서 새로운 관점을 제공하여 본인이 처한 문제를 해결한 것이다. 즉, 이숍이 제시한 이러한 '새로운 관점'은, 이숍의 최대 약점이라 할 수 있는 그의 외관을 사막에서 사람들이 꼭 필요로 하는 '낙타'와 연결시켜 판매하는 최고의 설득 전략이었다. 고객의 최대 니즈를 파악하고, 그에 부합한 해결법으로서 자신을 제시한 것이다. 그는 상대가 원하는 것이 무엇인지 정확히 파악하고 그것을 이야기로 풀 수 있는 능력이 있었다. 그의 우화들도 이러한 처세술이나 관점의 전환에 관련된 이야기가 많다. 아마도 그는 자신도 모르게 문제해결의 만능열쇠를 쥐고 있었을지도 모른다.

디자인 싱킹의 핵심이 관점의 전환이라고도 할 수 있을 만큼 문제를 바라보는 시각을 바꾸는 것은 중요하다. 다만 시각을 바꾸는 것은 시간이 걸린다. 나만의 시각을 바꾸는 것이 아닌, 각자 다른 배경과 시각을 가지고 온 다수의 타인을 움직여야 하는 일이기 때문이다. 이렇게 다양한 사람이 디자인 싱킹을 받아들이고, 또 그에 따라 자발적으로 움직이도록 만들려면 인내심이 필요하다. 앞에 이숍 이야기를 꺼낸 교수가 다음과 같은 말도 덧붙였다. "디자인 싱킹은 마치 와인같아서 숙성할수록 좋아진다." 이는 처음에 뜯자마자 마시면 이상한 맛이 나지만, 숙성 시킬수록 더 매력 있고 맛있어지는 와인처럼 디자인 싱킹도 사람 한 명 한 명에게 스며들고 숙성되어 그 효과를 내려면 시간이 필요하다는 말이다. 조금 더 인내심을 가지고 디자인 싱킹을 활용해 보자. 놀라운 결과를 얻을 수 있을 것이다.

네모 칸 채우기의 비밀: 구조화 게임

미술과 심리학을 전공한 내가 석사로 경영대에 입학했을 때, 나는 학문적으로 상당히 많은 방황을 했다. 늘 읽던 심리학 논문들과는 그 목적도 방법도 다른 경영학 논문을 접했을 때, 생소한 단어도 많거니와 세상을 보는 방식이 굉장히 다르다는 생각을 했던 것 같다. 특히 내가 어려워했던 부분은 경영학 논문에서 자주 등장하는 네모 박스들로 이루어진 모델들이었는데, 복잡하게 늘어놓은 박스들과의 그 관계들을 통계적으로 분석한 숫자들이 얽혀 있는 모델이 대부분이었다. 더군다나 조직의 경제적 이익이나 효율의 극대화를 중요한 목표로 생각하는 경영학 논문들은 나에게는 생소한 가치였고, 이 때문에 경영학 석사를 그만두어야 하나 매우 고민했던 시기가 있었다. 다행히 이런 고민은 금방 일단락되었는데, 석사 시절 첫 지도교수의 설득 덕분이었다. 내가 서울대학교에서 경영학 석사를 시작할 때 첫 번째 만난 지도교수는 조직행동론 분야에서 상당히 유명한 교수였다. "세상을 어떻게 이렇게 딱딱하게 보시나요?"라는 나의 질문에, 그는 '메인 내러티브를 찾아내는 재미'에 대해서 알려 주었다.

그는 종이를 하나 꺼내 놓고 앉아 보라고 했다. 그러고 나서 그 종이에 네모를 하나 그리고, 두 개를 그리고, 또 두 개를 더 그렸다. 이렇게 네모를 그리더니 "이 네모를 채우는 것이 네가 석사 2년 동안 할 일이야."라고 했다. 조직행동학이란 결국 조직에서 일어나는 엄청나게 복잡한 일을 이렇게 몇 개의 박스에 넣는 것이다. 조직이라는 것은 정말 다양한 인간과, 그 인간들에게 영향을 미치는 요소들로 이루어져 있다. 급여, 직무, 위계 등 정확하게 정의할 수 있는 것들만 있으면 다행이지만, 경쟁, 질투, 번 아웃 등 손에 잡히지 않는 요소들도 존재한다. 이런 요소들 간의 관계를 보자면 정말 끝도 없이 복잡한 지도가 펼쳐질 텐데, 여기에서 우리가 할 일은 바로 '메인 내러티브'를 찾아내는 것이다. 이 메인 내러티브는 결국 조직을 끌어가는 아주 근본적인 관계를 이야기하는데, 이 관계는 보통 이 네모 박스 안에 정리할 수 있을 정도의 아주 간단하고 상식적인 내용이다.

비록 그 교수님은 내가 졸업하기 전 학교를 그만두게 되어서 다른 지도교수 밑에서 졸업하게 되었지만, 이때의 짧은 가르침은 오랫동안 기억에 남는다. 그리고 이런 네모 채우기는 결국 내가 박사를 하는 내내, 디자인 싱킹 기반의 컨설팅을 하는 내 내 나의 기초가 되었다. 무엇이든 '메인 내러티브'를 찾아내는 것, 이것이 문제해결의 핵심이라 할 수 있다.

복잡한 문제가 발생할 경우, 잘 들여다보면 보통은 '원인'이 되는, 즉 문제의 근본이자 다양한 다른 문제를 발생하게 만드는 원제들이 있다. 나는 이런 근본적인 문제를 에이전트(agent)라고 부르는데, 에이전트의 특성은 마치 살아있는 사람처럼 독립적으로 존재할 수 있으며, 스스로 끊임없이 부가적인 문제를 만들어 낸다는 것이다. 이러한 에이전트들은 보통 자신의 모습을 감추고 숨어 있으며, 그 모습을 드러내더라도 해결하는 것이 쉽지 않다. 반대로 문제를 복잡하게 만드는 부가적인 문제들이 있다. 이런 문제들을 나는 '팩터(factor)'라고 정의하는데, 보통은 주 원인인 에이전트를 해결하면 저절로 해결되는 이차적인 문제들이다. 그리고 물론, 에이전트나 팩터에 의해서 만들어지는 결과물들이 있다.

문제를 정의할 때 나는 세 개의 네모 박스를 그리는 것으로 시작한다. 일단 첫 번째 네모는 A(에이전트)라고 적지만 아직은 무엇인지 알지 못할 때가 많다. 두 번째 네모에는 F(팩터)라고 적는다. 보통은 어떤 문제를 인식했을 때 이것이 팩터인 경우가 많다. 즉, 표면에 보이는 문제인 것인데, 예를 들어 병원에 갔는데 아동 검사가 성인 검사에 비해 너무 오래 걸린다는 것을 발견했다고 생각해 보자. 특히 이 문제는 MRI나 CT스캔 등 대형 장비를 동원할 경우 가장 심각했다. 왜 오래 걸리는지 알아보니, 아이들이 큰 기계에서 나는 소리들에 압도되어 가만히 있지 못하기 때문에 검사가 지연되는 것이었다. 이 때문에 검사를 필수적으로 진행해야 하는 아이들 반 이상에게는 진정제를 투여하거나 수면마취를 하여 검사를 해야 했다. 여기에서 에이전트(A), 팩터(F), 그리고 결과(R)를 정의해 보자.

일단 F 박스에는 다음과 같은 내용들이 들어갈 수 있다.

- 아동 검사 시간이 오래 걸림
- 검사를 해야 하는 성인 환자들의 대기도 길어짐
- 아동들을 상습적으로 약물에 노출시켜야 함

그 결과(R)는 다음과 같다.

- 하루에 검사를 진행할 수 있는 아동의 숫자가 매우 한정적임
- 검사 시 사용하는 약물로 인한 부작용
- 환자와 병원 모두에게 많은 검사 비용

여기에서 근본적인 문제는 무엇이었을까? 인터뷰와 관찰을 통해 알아낸 사실을 A 박스에 다음과 같이 적을 수 있었다.

- 아동들은 큰 기계에서 나는 큰 소리를 무서워함

여기에서 F를 해결하고자 한다면, 검사 시간을 줄여 줄 수 있는 어떤 시스템을 만들거나 성인 환자들만 따로 검사할 수 있도록 하는 방법들이 있을 것이다. 하지만 이런 방안들은 근본적인 문제를 해결해 주지 않는다. 근본적인 문제는 검사 시간이 오래 걸리는 것보다 더 근본적인 이유이며, 이것은 결국 아이들이 큰 소리를 무서워한다는 것에 있었다. 하지만 기술적으로 이 소리를 줄이기는 어려울 수 있다. 그렇다면 큰 소리가 나도 무서워하지 않도록 해 주는 방법이 있을 것이다.

이것은 실제로 GE사에서 디자인 싱킹을 이용하여 문제를 해결한 사례로, 아동들이 큰 소리를 무서워하지 않도록 MRI 방을 해적선이나 우주선 컨셉트로 다시 디자인하여 해결한 내용이다. MRI 기계에서의 소리가 커지기 전에 촬영기사는 아이들에게 우주선이 '초공간 항속 모드'로 들어갈 예정이니 무서워하지 말라고 한다. 이후에 나는 큰 소리는 그저 우주선에서 나는 효과음 정도로 여겨질 뿐, 더 이상 두려움의 대상이 아니다. 실제로 이 사례를 통해 환자 만족 지수가 90% 상승하고, 검사를 다시 받고 싶어 하는 아동들이 늘어났다.

이렇게 디자인 싱킹에서는 진짜 문제인 에이전트를 찾고, 이를 해결해 주도록 관점을 바꾸는 작업이 가능하다.

제**6**장

자신만의 싱킹을
발굴하는
일곱 가지 노하우

100% 아니면 0% : 전문지식 준비하기

디자인 싱킹을 활용하여 문제를 해결할 때 가장 많은 준비시간을 보내야 하는 것은 바로 해결하고자 하는 분야를 이해하는 것이다. 아무리 통찰력과 창의성이 뛰어나다 해도, 문제가 발생한 그 특정 분야의 특성을 하나도 이해하지 못했다면, 거기서 나오는 솔루션은 뜬구름 잡는 이야기일 가능성이 높다. 문제를 제대로 이해하는 과정에서, 이런 분야에 대한 공부가 상당히 많이 필요한데, 사실 이 부분은 100% 알지 않는 이상 그저 아무것도 모르는 것과 같다고 할 수 있다. 예컨대, 3세 아이를 위한 의자를 만든다고 가정해 보자. 당신이 아무리 3세 아이를 잘 관찰하여 파악하고 창의적인 아이디어들을 내놓는다 해도, 의자에 대한 기본적인 구조나 원리를 모른다면, 이 아이디어가 실제로 받아들여지기는 어려울 것이다. 비슷한 원리로, 디자인 싱킹에 대하여 아무리 잘 안다고 해도 내가 현재 솔루션을 제공하고자 하는 분야에 대한 공부를 안 한다면 이는 실용성 없는 '무작위의(random)' 아이디어만 만들어 낼 가능성이 높다.

바로 이러한 점 때문에 많은 디자인 싱킹 컨설팅 에이전시들이 자신 있게 자신들의 노하우를 내놓는다. 노하우를 알더라도 결국은 전문지식은 각자 준비해야 하기 때문이다. 어떤 문제를 풀기에 앞서 그 문제가 속하는 분야에서 사용하는 단어를 외우고, 그 분야의 역사를 살펴보며 그 분야에서 일하는 조직들이 어떤 사람들로 구성되어 있는지 파악해야 한다. 다음은 해결방안에 대한 아이디어를 내기 전, 할 수 있는 전문지식 준비의 예시들이다.

① 수면을 개선하는 앱을 만드는 프로젝트
- 알아볼 것: 현재 시장에 있는 수면 관련 앱, 수면 관련 제품 종류, 현대인의 수면 질(설문, 인터뷰 등), 수면에 대한 일반적인 생각(멘탈 모델)
- 공부할 것: 수면 개선이 필요한 이유, 수면 질 측정 기술, 수면 질 개선과 관련된 최근 논문, 불면증 환자를 위한 일반적인 처방, 수면 관련 앱들의 디자인 및 패턴
- 외울 것: 수면과 관련된 용어 및 사전적 의미, 앱 개발과 관련된 용어 및 개발 프로세스
- 고려할 것: 서비스 론칭 시기

② 인공지능 기반의 검색 서비스 기획
- 알아볼 것: 타깃 사용자층의 평소 사용 패턴
- 공부할 것: 현재 주요 검색 서비스에서 쓰이는 인공지능 기술, 데이터베이스 템플릿
- 외울 것: 인공지능 관련 용어

• 고려할 것: 서비스 론칭 시기

2
사실과 의견 분리하기

앞에서 전문지식이 모두 준비되었다면, 이제 디자인 싱킹의 첫 단계인 공감을 시도해 볼 수 있다. 공감을 위해서는 타깃으로 하는 고객에게 무엇이 불편하고 무엇을 원하는지 직접 물어보는 방법이 가장 확실하다. 하지만 이렇게 직접적으로 물어볼 경우, 우리는 의견과 사실이 섞인 피드백을 자주 받게 된다. 그 결과, 우리는 늘 '사실'과 '의견'을 분리해야 하는데, 이것은 정확한 문제를 짚어 낼 때 가장 중요한 부분이 될 수도 있다. 예를 들어, 어떤 레스토랑이 문을 닫을 위기에 처해 있을 때, "음식이 맛이 없어서 그렇다."(의견)와 "옆집에 비해 메뉴의 가격이 높다."(사실)는 전혀 다른 솔루션을 가져올 수 있다는 것이다. 물론 '사실'만을 기반으로 솔루션을 내야 한다는 것이 아니다. 우리의 목표는 항상 의견과 사실을 모두 수렴하고, 가장 적절한 해결책을 찾는 것이 목표이다. 즉, 이 사례에서는 의견과 사실을 모두 반영하여 몇 가지 솔루션을 내놓을 수 있다. (1) 옆집과는 양·질적으로 차별된 음식을 제공하고 가격을 원래대로 받는 방법 또는 (2) 지금처럼 하되 가격을 옆집보다 낮추는 방법

등의 간단한 처방이 내려질 수 있다.

　다음은 사실과 의견들이 섞여 있는 체크리스트이다. 과연 얼마나 잘 분리할 수 있을지 연습해 보자.

[연습] _____

① 이 앱은 사용하기 어렵다.
② 빨간색이 노란색보다 눈에 띈다.
③ 고객이 이것을 사용할 수 있는 시간은 하루 3시간 정도이다.
④ A제품을 가진 사람이 B제품을 가진 사람보다 많다.
⑤ 스페인 문화는 한국 문화와 매우 다르다.
⑥ MZ세대는 소유보다 사용을 중요시한다.
⑦ 이 노트북은 1kg보다 가볍다.

→ 답: ①: 의견, ②: 의견, ③: 사실, ④: 사실, ⑤: 의견, ⑥: 의견, ⑦: 사실

_____

3

행동과 의도 분리하기

　만약 사용자를 직접 만나 물어보지 못한다면, 관찰이라는 방법을 택할 수도 있다. 타깃으로 하는 고객을 섀도잉하거나, 실험실 창문 너머로 지켜보며 이 사람이 무엇을 원하는지 분석해보는 방법이다. 여기서 주의할 것은 행동과 의도의 분리이다. 어떤 온라인 쇼핑몰에 로그인하는 사용자가 있다고 가정

해 보자. 이 사람이 검색창에 '빨간색 드레스'를 검색한다고 했을 때, 이 사용자의 의도가 꼭 '빨간색 드레스'만을 사려고 한다고 볼 수 없다. 이 사용자는 파티에 가려고 다양한 원색 드레스를 찾고 있을 수도 있고, 빨간색 드레스를 만들려고 하는 디자이너로서 본인의 새로운 디자인에 참고할 만한 자료를 찾고 있을 수도 있다. 혹은 단순히 호기심에 이런 검색을 해 볼 수도 있다. 여기에서는 사용자의 행동인 '빨간색 드레스 검색'과 '드레스 구매' 혹은 '사진 참고'라는 다양한 의도를 따로 파악해야 한다. 이 사용자에게 더 맞춰진 검색 내용을 제공하려면, 기존의 구매 내역이나 로그인 패턴, 검색어, 구매 가격대 등을 고려하여 추천할 수 있다.

또 다른 예시를 보자. 한 사용자가 인터넷 뱅킹에 자주 로그인한다. 사용자의 행동은 아이디와 비밀번호를 넣는 것이다. 그렇다고 해서 이 사용자의 의도가 단순히 '로그인'이라고 얘기할 수 없다. 예를 들어, 그녀가 자신의 계좌에서 이상한 움직임이 있었다는 스팸 문자를 자주 받았을 수 있다. 여기에서 그녀의 행동인 '로그인'과 그녀의 의도인 '이상한 거래 내역 확인' 혹은 '문자 사실 여부 확인'은 분리해서 이해해야 한다. 만약 뒤의 의도를 파악했다면 은행에서는 사용자의 계좌 내역을 분석한 리포트나 경고 메시지를 로그인 후에 바로 제공함으로써 더 나은 서비스를 제공할 수 있다. 다음은 행동과 의도를 분리해서 생각해 볼 수 있는 예제이다. 연습해 보자.

- **다음 텍스트를 읽고 사용자의 행동과 의도를 파악해 보세요.**

"한 사용자가 뉴스 웹사이트에 접속했다. 홈페이지에 있는 상단 메뉴바에서 '정치'를 선택했다. 그러고는 몇 개의 기사를 읽어 본 후 왼쪽 상단에 있는 홈페이지 로고를 클릭해서 다시 첫 페이지로 돌아갔다. 그 후에는 '사회'를 선택하고 몇 가지 뜨는 기사를 클릭하여 읽었다."

1. 여기에서 사용자의 행동은 무엇인가?

  : 뉴스 웹사이트 접속/정치 분야 선택/기사 클릭/로고 클릭/사회분야 선택/기사 클릭

2. 사용자의 의도는 무엇인가?

  : 최신 뉴스 확인/정치 분야에서 기사 읽기/다른 분야 탐색/사회 분야에서 기사 읽기

3. 더 깊은 의도를 추측한다면 어떤 것이 있을까?

  : 특정 이슈 탐색/최근 사회, 정치 분위기 파악/다른 글, 프로젝트, 업무 등을 위한 자료 탐색

4. 추가적인 의도를 파악할 수 있는 방법에는 무엇이 있을까?

  : 사용자가 자주 방문하는 분야를 파악하여 하위 분류된 기사를 제공해 본다.
  : 사용자가 좋아하는 작가나 키워드를 띄우고 클릭하는지 지켜본다.
  : 특정 기사 페이지에서 더 오래 머무는지 시간을 파악해 본다.

현상과 문제 분리하기

사용자에 대해 조금 이해할 수 있게 된 후에는 진짜 문제를 찾는 것에 집중해야 한다. 여기에서는 현상과 문제를 분리하는 것이 중요한데, 보통은 현상 자체가 문제인 경우는 거의 없다. 현상은 현상일 뿐, 그로 인해 일어나는 개개인의 불편이나 손해를 문제라고 볼 수 있는 것이다. 그런데 많은 경우, 현상 자체를 문제로 보고 현상만을 개선하려고 노력하는 경우가 많다. 더 나아가 인간은 적응의 동물이라 했던가. 어떤 현상이 계속되면 오히려 그것에 대한 문제를 발견하지 못하고, 대신 적응해 버리는 경우도 생긴다.

예를 들어, 특정 시간에 혼잡해지는 주차장이 있다고 가정해 보자. 여기에서 현상은 "주차장이 혼잡해진다."이며, 문제는 "차량 이동이 어려워져서 시간이 지체된다." 혹은 "원래 주차하는 시간보다 더 많은 주차비를 내게 된다."라고 할 수 있다. 이 경우에 적응해 버리는 상황은, 대부분의 사용자들이 "지금이 원래 여기가 혼잡한 시간이네. 기다려야지 뭐."라고 문제에 대해 더 이상 생각하지 않게 되는 것이다. 반대로 주차장의 관리자가 혼잡한 시간대에 나와 자동차들을 이동시키거나, 가이드를 해 준다면 이것은 현상을 관리하려는 것이다. 마지막으로,

주차장 자체의 구조를 바꾸거나 운영 방식을 개선하여 차들이 많더라도 빠른 순환을 할 수 있도록 해 주거나 한다면 이것은 근본적인 문제를 고치는 것이라 할 수 있다.

다음은 어떤 현상들을 나열한 것이다. 여기에서 현상과 문제를 분리해 보자.

- **"직원들이 매일 출근할 때마다 회사 입구 앞에서 긴 줄을 서야 합니다."**

  현상: 직원들이 출근할 때마다 긴 줄을 서는 것(현상해결: 줄을 서지 못하게 한다.)

  문제: 출근 시간이 늦어 업무를 늦게 시작함(문제해결: 유연한 출근 시간 혹은 모바일 업무 기능을 제공한다.)

- **"자판기가 자주 고장 나서 물을 구석에 있는 정수기에서 수동으로 떠먹어야 해."**

  현상: 자판기가 자주 고장 나는 것(현상해결: 자주 수리한다.)

  문제: 무언가를 마시기 위해 정수기까지 걸어가는 것이 불편한 것(문제해결: 정수기를 가까이 옮긴다.)

- **"팬데믹 이후로 온라인 교육이 많아져서 아이들이 지루해 해."**

  현상: 온라인 교육이 많아진 것(현상해결: 온라인 교육을 줄인다.)

  문제: 온라인 학습 콘텐츠를 재미없게 만드는 것(문제해결: 콘텐츠를 재미있고 다양하게 만들어 본다.)

제6장 자신만의 싱킹을 발굴하는 일곱 가지 노하우

5

무계획까지 계획하기

　디자인 싱킹을 진행할 때에는 감정까지 연기하라는 이야기를 앞에서 한 바 있다. 그만큼 인간 내면에 숨겨져 있는 창의력을 꺼내려면 잘 설계된 가이드가 필요하다. 이 때문에 나는 아이디에이션에서 퍼실리테이터가 꼭 고려해야 하는 것이 무계획까지 계획하는 것이라 생각한다. 디자인 싱킹 아이디에이션 워크숍은 적게는 4시간, 많게는 3일까지도 걸릴 수 있다. 이 많은 시간 동안, 진행자는 사람들을 끌어가면서 지칠 수 있다. 어떤 때는 자칫 생각해 볼 만한 점만 던져 주고 기다리고만 있을 수도 있다. 하지만 디자인적 사고는 이렇게 프롬프트만 가지고 나오기는 어렵다. 어떤 질문을 어떻게 던져 주고, 얼마나 많은 시간을 기다려 볼 것인지, 그리고 그 기다리는 시간 동안 어떤 행동을 할 것인지를 모두 계획해야 한다. 어떤 한 집단에게 "이 문제를 어떻게 풀면 좋을지 아이디어를 내보세요."라고 한 후 뒤돌아 앉아 있지 마라. 쉬는 시간에도 끊임없이 눈을 마주치고, 긍정적이고 적극적으로 사람들이 참여할 수 있도록 유도해야 한다.

게이미피케이션의 힘

디자인 싱킹을 활용하여 문제를 푼다고 해서 그 과정이 항상 즐겁고 재미있는 것만은 아니다. 오히려 생각했던 것보다 문제가 더 심각하거나, 더 복잡해서 좌절하게 되거나 건드리고 싶지 않아지는 경우도 있다. 이런 경우, 나는 게이미피케이션을 적극 활용하기를 추천한다. 게이미피케이션(gamification)이란 게임에서 사용되는 디자인 요소를 게임이 아닌 환경에 적용하는 것을 의미하는데, 경쟁, 보상, 협력 등에 대한 룰을 만들어서 정해진 시간 내에 아이디어를 내보거나 사람들과 상호작용해보는 방법이다. 다음은 게이미피케이션을 활용하여 문제를 해결한 케이스 시나리오들이다.

1) 트래시 트럭 챌린지

트래시 트럭 챌린지는 지속 가능한 환경을 위해서 재활용을 장려하는 게임이다. 참여자들은 동네에서 수거된 플라스틱, 종이 등의 재활용 가능한 쓰레기의 양을 기록하고 그 양을 가지고 다른 참여자들과 경쟁할 수 있다. 점수판을 만들어서 눈으로 나의 순위를 확인하고, 수집한 쓰레기의 양에 따라 참여자들은 상

제6장 자신만의 싱킹을 발굴하는 일곱 가지 노하우

금이나 기타 보상을 받는 규칙이 있다면 더 좋을 것이다.

2) 독서 챌린지

어떻게 하면 아이들에게 강요하지 않으면서 책을 더 많이 읽도록 만들 수 있을까? 이 게임에서는 아이들이 본인들이 읽은 책의 수를 기록하고 그 수에 따라 레벨 업을 부여하고 상징적인 아이템을 받을 수 있도록 한다. 레벨 업이 될 때마다 카드를 모을 수 있으며, 카드를 가지면 희귀한 책이나 만화책 등과 교환할 수 있게 해 준다. 이런 룰들을 통해 아이들은 독서를 숙제처럼 지루한 것보다는 재미있는 액티비티로 생각하고, 좋은 책을 접하는 것 자체가 '보상'이라는 것 역시 배우게 될 수 있다.

일상의 에러 찾기

디자인 싱킹을 진행하는 사람은 수없이 많은 문제해결 리스트를 가지고 있는 것이 좋다. 어떤 종류의 문제가 발생했을 때 그것을 이렇게 풀어 본 예시, 저렇게 풀어 본 예시를 많이 알수록 더 많은 아이디어를 낼 수 있으며, 참여자들의 이해를 쉽게 도울 수 있기 때문이다. 커다란 사회문제해결 사례는 책이나 신문 등을 통해서 접할 수 있지만, 절대적 양을 늘리려면 일상에서의 문제점들과 이 문제들을 일반인들이 어떻게 자신만의 방법으로 해결하고 있는지 눈여겨볼 필요가 있다. IDEO의 창업자인 켈리 형제는 그들의 저서 『아이디오는 어떻게 디자인하는가』에서 이것을 '버그리스트 만들기'라고 칭한다. 버그리스트란 우리가 매주 마주하는 것들 중 작동이 잘 안 되거나 우리의 발을 묶는 서비스들인데, 예를 들어 클릭을 너무 많이 해야 하는 사이트, 노트북과 연결이 잘 안 되는 프로젝트 등이 있다. 이런 버그리스트를 그저 '오늘의 짜증나는 일'로 지나치지 않고 기록해 둔다면 개선할 수 있는 문제들의 풀(pool)이 형성된다. 이런 버그리스트는 이후 시도할 만한 프로젝트 혹은 연습용 게임으로 활용하기 좋다. 문제가 되는 것들을 찾고 적극적으로 기록하여 활용하라. 다음은 내가 이번 주에 만났던 일상의 에러들이다. 한번 읽어 보며 나만의 리스트를 만들어 보는 것을 추천한다.

---

① 8개월 된 아기에게 감기약을 먹이는데 마지막 1㎖가 약통에 붙어 잘 안 나온다.

② 현관문 앞에 안전게이트를 설치하려는데 벽에 못을 박고 싶지 않다.

③ 냉장고를 청소하던 중, 그동안 안 보여서 미처 못 먹은 오래된 잼을 발견했다.

④ 아이를 한손으로 들고 분유를 타려는데 젖병의 눈금이 안보여서 오래 걸

렸다.

⑤ 화장실 앞 매트가 자꾸 미끄러져서 어디론가 사라진다.

⑥ 비누를 올려놓는 스펀지 밑부분에 자꾸 곰팡이가 핀다.

⑦ 컴퓨터 무선 마우스 충전을 하는 동안 마우스를 쓸 수가 없어 불편하다.

⑧ 비 오는 날 아이와 나가려는데 우산을 들면서 유모차를 밀기가 어렵다.

지금까지 디자인 싱킹을 통한 문제해결에 도움이 되는 몇 가지 액티비티들을 알아보았다. 물론 여기 소개된 일곱 가지 외에도 당신이 발견하고 자주 쓰는 당신만의 디자인 싱킹 노하우가 생길 것이다. 이런 경험적 노하우를 잘 모으고 정의해서 더 많은 디자인 싱킹 방법론이 만들어지고, 더 많은 종류의 문제가 해결되며, 결과적으로 더 많은 조직이 디자인 싱킹을 적용하여 목표하는 바를 이루기를 바란다.

참고문헌

강일용(2018. 1. 2.). [IT CEO 열전] 에어비앤비 창업자 3인, 성공의 비결은 절
실함...운도 따랐다. 동아일보. https://it.donga.com/27259

김영록 융합인재개발연구소(2012. 1. 4.). 미래기업의 성장엔진은 융합형
인재. 경북일보. http://www.kyongbuk.co.kr/news/articleView.
html?idxno=566760

김현우(2022. 1. 5.). 파이형(∏) 융합팀을 위한 A자형 융합 인재. 머니투데이.
https://news.mt.co.kr/mtview.php?no=2022010411225470248

민병무(2022. 11. 30.). '필드'에 강한 '플렉서블' '퓨전' 인재들 새해 별 단다...내
년 임원인사 특징은 'F7'. 데일리한국. https://daily.hankooki.com/
news/articleView.html?idxno=899053

손경순(2021. 1. 12.). 벙어리 노예 이솝과 낙타. 모닝선데이. http://www.
morningsunday.com/sub_read.html?uid=18719

오상진(2020. 12. 2.). '구글의 20% 타임제' '3M의 15%룰' 등 창조경영에서 찾
는 탐험과 활용!. 한국강사신문. https://www.lecturernews.com/news/
articleView.html?idxno=56865

오우식(2019). 퍼실리테이션개론: Facilitation A to Z. 조명문화사.

이소라(2020. 9. 30.). '길치들의 축복' 분홍-녹색 유도선 "아이들 색칠놀이 보

다 유레카~". 한국일보. https://www.hankookilbo.com/News/Read/A2020092210270005947

한혜진(2021). 디자인씽킹을 활용한 영상디자인 교육방안-현재 코로나 시대의 영상디자인 교육 활용방법. 한국디자인포럼. 26(1). 7-18.

Binus University School of Information Systems. (2018. 3. 13.). Design thinking: The loop by IBM. https://sis.binus.ac.id/2018/03/13/design-thinking-the-loop-by-ibm

Cain, S. (2012). 콰이어트. (김우열 역). 알에이치코리아.

Chaiken, S. (1979). Communicator Physical Attractiveness and Persuasion, *Journal of Personality and Social Psychology, 37*(8), 1387.

Cooper Digital Library at University of Illinois. (2012). Wise animals: Aesop and his followers. http://cooper.library.illinois.edu/rbx/exhibitions/Aesop/aesop-life.html

Cuddy, A. (2016). 프레즌스. (이경식 역). 알에이치코리아.

Dosi, C., Rosati, F., & Vignoli, M. (2018). Measuring design thinking mindset. *International Design Conference-Design*, 1991-2002.

Gladwell, M. (2019). 아웃라이어. (노정태 역). 김영사.

Guilford, J. P. (1966). Measurement and Creativity. *Theory Practice, 5*, 185-189.

Howard, B. C. (2013. 7. 11.). Could Malcolm Gladwell's theory of cockpit culture apply to Asiana crash? National Geographic. https://www.nationalgeographic.com/adventure/article/130709-asiana-flight-214-crash-korean-airlines-culture-outliers

IDEO. (2019). Perspectives, practices, and resources for design thinking. https://www.ideo.com/post/design-thinking

Kelley, D., & Kelley, T. (2021). 아이디오는 어떻게 디자인하는가: 스탠퍼드 디스쿨 창조성 수업. (MX디자인랩 역). 유엑스리뷰.

Kudrowitz, B. (2023). *Sparking creativity: How play and humor fuel innovation and design*. Routledge Publication, Taylor & Francis Group.

Kudrowtiz, B., Te, P., & Wallace, D. (2012). The influence of sketch quality on perception of product-idea creativity. *Artificial Intelligence for Engineering Design, Analysis, and Manufacturing, 26*, 267-279

Kwon, J., & Kim, S. Y. (2015). The Effect of Posture on Stress and Self-Esteem; Comparing Contractive and Neutral Postures. *Proceedings of International Academic Conferences*, International Institute of Social and Economic Sciences, 1-12.

Li, F., Dong, H., & Liu, L. (2020). Using AI to Enable Design for Diversity: A Perspective. In *Advances in Industrial Design: Proceedings of the AHFE 2020 Virtual Conferences on Design for Inclusion, Affective and Pleasurable Design, Interdisciplinary Practice in Industrial Design, Kansei Engineering, and Human Factors for Apparel and Textile Engineering* (pp. 77-84). Springer International Publishing.

Martinez, E., & Ngak, C. (2012. 9. 10.). Models sport Google Glass on runway. CBS News. https://www.cbsnews.com/pictures/models-sport-google-glass-on-runway

Norman, D. (2016). 도널드 노먼의 디자인과 인간 심리. (박창호 역). 학지사.

Onarheim, B. (2012). Creativity from constraints in engineering design: Lessons learned at Coloplast. *Journal of Engineering Design, 23*(4), 323-336.

Patzer, G. L. (1983). Source credibility as a function of communicator physical attractiveness. *Journal of Business Research, 11*(2), 229-241.

Praxmarer, S., & Rossiter, J. R. (2009). How does the presenter's physical attractiveness persuade? A test of alternative explanations. In *Proceedings of the Australian and New Zealand Marketing Academy Conference* (pp. 1-7). Australian & New Zealand Marketing Academy.

Sarkar, P., & Chakrabarti, A. (2011). Assessing Design Creativity. *Design Studies, 32*(4), 348-383. https://doi.org/10.1016/j.destud.2011.01.002

Stokes, P. D. (2006). *Creativity from constraints: The psychology of breakthrough.* Springer.

TEDx Talk. (2010. 10. 7.). The power of vulnerability. [Video]. YouTube. https://www.youtube.com/watch?v=X4Qm9cGRub0

찾아보기

내용

저자 소개

권지은(Jieun Kwon) Ph.D
전 이화여자대학교 연구교수
    삼성SDS CX팀 과장
    딜로이트 컨설턴트
현 디자인 싱킹 교육회사 AXL.T 대표
    FRUM 전략컨설팅 파트너 & 수석 컨설턴트
    알고케어 스타트업 사외이사

예술중학교와 예술고등학교를 거쳐 미국 로드아일랜드 미술대학교인 로드
아일랜드 스쿨 오브 디자인(RISD)에 입학한 후 컬럼비아대학교에서 심리
학 전공으로 졸업했다. 서울대학교 경영대학원에서 조직심리로 석사학위
를 받고, 다시 미국으로 건너가 미네소타 주립대학교에서 인간공학으로 박
사학위를 받았다. 졸업 후에는 삼성SDS와 딜로이트 컨설팅에서 고객 경험
을 기획했고, 이화여자대학교에서 연구교수로 재직하였다. 이 외에도 삼성
전자, LG전자, 대웅제약, 서울시공공보건재단 등에서 고객 경험 기획(CX)
및 디지털 트랜스포메이션(DX) 컨설팅을 담당하였다. 메인 프로젝트 밖에
서는 KAIST, 인하대학교, 서울교육대학교, 광운대학교 등 다수의 대학교와
스타트업 등에서 디자인 싱킹 강의 및 워크숍을 진행하였다.
현재는 LG, 현대자동차, 기아 등 대기업을 대상으로 서비스 전략 컨설팅을
진행하는 ㈜ FRUM의 파트너이자 수석 컨설턴트로 재직 중이며, 디자인 싱
킹 교육업체인 AXL.T의 대표로 고객 경험 중심 서비스 기획 및 워크숍 퍼실
리테이션을 진행하고 있다.

생각 설계자
-당신의 싱킹을 디자인하라!-

2024년 1월 10일 1판 1쇄 인쇄
2024년 1월 20일 1판 1쇄 발행

지은이 • 권지은
펴낸이 • 김진환
펴낸곳 • **학지사비즈**
　　　　　 04031 서울특별시 마포구 양화로 15길 20 마인드월드빌딩
대표전화 • 02-330-5114　　팩스 • 02-324-2345
등록번호 • 제313-2006-000265호

홈페이지 • http://www.hakjisa.co.kr
인스타그램 • https://www.instagram.com/hakjisabook

ISBN 979-11-984792-0-4 03320

정가 15,000원

출판미디어기업 **학지사**

간호보건의학출판 **학지사메디컬** www.hakjisamd.co.kr
심리검사연구소 **인싸이트** www.inpsyt.co.kr
학술논문서비스 **뉴논문** www.newnonmun.com
교육연수원 **카운피아** www.counpia.com